Par suite d'une erreur
la dernière page n'a pas
a reçu une côte douce
4.33 - 4625

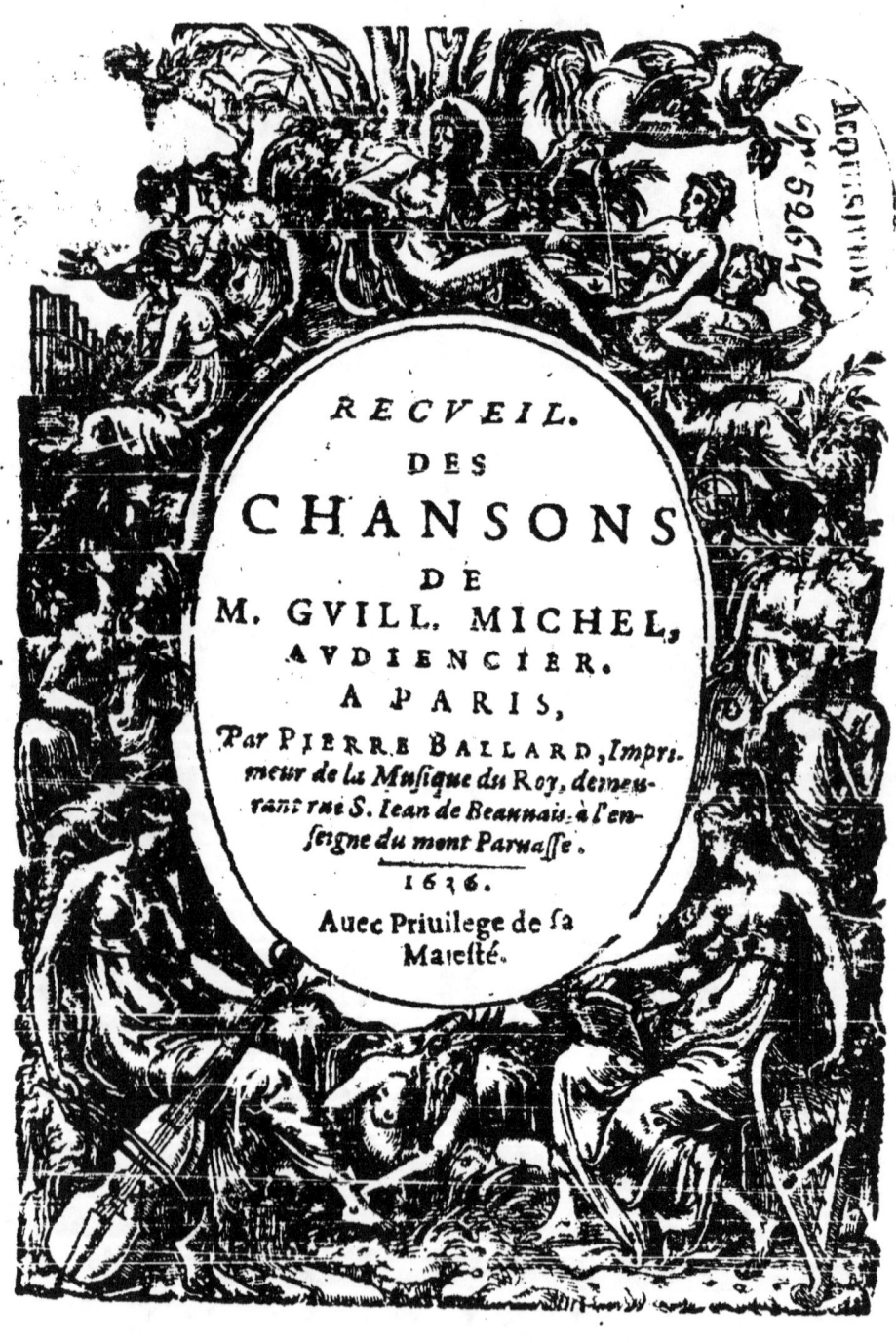

RECVEIL.
DES
CHANSONS
DE
M. GVILL. MICHEL,
AVDIENCIER.
A PARIS,
Par PIERRE BALLARD, Imprimeur de la Musique du Roy, demeurant rue S. Iean de Beauuais, à l'enseigne du mont Parnasse.
1636.
Auec Priuilege de sa Maiesté.

A MESSIEVRS CHANCY, IVSTICE, ET GRANION.

Auoris du plus grand des Roys,
Qui par vos Luths, & par vos voix
Charmez nostre puissant Monarque:
D'Apollon les chers nourrissons,
Ie vous dédie mes Chansons
Pour les garentir de la Parque.
Ce ne sont de vos Airs si doux,
Aussi n'appartient il qu'à vous
A tirer d'enfer Euridice.
Pur teiz je ne les offre pas,
Ie ne veux pour juge vn Midas
Quand je les sous-mets à Iustice.
Sur les theatres plus parfaits,
Apres de tres graues effets
On void vne farce comique:
Ainsi faites de mes Chansons,
Apres les agreables sons
De vostre diuine Musique.

Ballard d'Apollon favory,
Autant que des Muses chery,
Digne posseßeur de Parnaße:
Me dit dans ce sacré sejour,
A tes Chansonnettes d'amour
Ie veux quelque jour donner place.

Mais voyant tes beaux Airs, Chancy,
Ie demeure froid, & transi,
O dieux! Ballard, que veux-tu faire?
Ne les faites voller si haut,
Trop pour elles je craindssle saut
De cét Icare temeraire.

Il me dit, chaße cette peur,
Elles n'auront que du bon-heur
Estant à l'abry de Iustice:
Ces trois qui peuvent tout charmer,
Sont obligez de les aymer
Si tu leur en faits sacrifice.

En fin j'escoute ses discours,
Et jugé que vostre secours
Les garentiroit de naufrage;
Ie vous prie de les cherir,
A vos pieds je les viens offrir
Pour vous rendre foy & hommage.

G. MICHEL.

M. GVILLAVME MICHEL,
AVDIENCIER.
Sur ses Chansons a dancer.

MICHEL, tes gaillardes Chansons
Passeront pour doctes leçons
A l'esprit le plus poëtique,
Et tes Airs auront ce bon-heur,
Qu'il n'est point de maistre en Musique
Qui n'en voulut estre l'autheur.

G. S.

AV MESME.

MICHEL, tes Chansons si gentilles
Ne sont propres qu'auec des filles,
C'est trop de Chansons pour dancer:
A d'autres il te faut penser,
Maintenant, si tu me veux croire,
Fais nous quelques Chansons pour boire.

P. G.

CHANSON
POVR·DANCER.

Que Marie est belle, Dieux! qu'elle à d'appas! Ie me meurs pour elle, Ie ne luy dis pas, Tant je crains de ressentir Les peines du repentir.

POVR DANCER.

Ie n'ose luy dire
Quel est mon tourment,
Et quand je soupire
C'est si doucement.
    Tant.

Ie cache ma flame,
Ie cele mon feu,
Ie laisse mon ame
Brusler peu à peu.
    Tant.

Vn facheux silence
Peut il me guerir?
Non, ma recompense
C'est qu'il faut mourir.
    Tant.

Diuine Marie,
Reyne de mon cœur,
Sans cesse je prie
Amour mon vainqueur,
   Qu'en aymant vn repentir
Ie ne puisse ressentir.

CHANSON

Ise assise sur les fleurs En sa main te- nant sa jouë, Disoit versant mile pleurs, Amour, de moy tu te jouë: Qu'as-tu fait d'O- rante, Ie suis son a- mante?

POVR DANCER.

Quoy ? n'ay-je plus ces beaux yeux,
Ce teint de lys, & de roses,
Ce doux parler gracieux,
Et tant de si belles choses ?
   Qu'as-tu fait.

Tous les oyseaux de ces bois
Ont entendu ce langage,
Et que sous mes douces loix
Il vouloit viure en seruage.
   Qu'as-tu fait.

Amour, tu me l'as rauy,
Rompant nostre amour si belle,
Ie ne sçay plus si je vy,
Craignant Orante infidelle.
   Fais venir.

Beaux lieux qui furent jadis
De nostre amour les complices,
Vous estiez mon paradis,
Et vous estes mes supplices :
   Car sans mon Orante
   Rien ne me contente.

CHANSON

Rintemps, sans ma belle Est-tu de retour? Pense-tu sans el- le Que j'ayme le jour? Sans Cloris, jamais Tircis Ne fut exempt de soucis.

POVR DANCER.

 Que me seruent, Flore,
Tant de belles fleurs
Que tu faits esclore
De mile couleurs ?
  Les pensées, les soucis,
  Ce sont les fleurs de Tircis.

 Que me sert, Zephire,
Ce vent gracieux
Que chacun respire
Dedans ces beaux lieux ?
  Les vents, les fleurs de Tircis,
  Ce sont soupirs & soucis.

 Et toy, Philomele,
Ta gaye chanson
Qu'on trouue si belle,
M'est hors de saison.
  Les chants, les fleurs de Tircis,
  Ce sont plaintes & soucis.

 Vous, belles fontaines,
Que seruent vos eaux ?
Vous voyez mes peines
Proche vos ruisseaux.
  Les eaux, les fleurs de Tircis,
  Sont des pleurs, & des soucis.

 Cloris est absente,
Ne la voyant pas
Rien ne me contente
De tous vos appas.
  Sans Cloris.

CHANSON

Lisandre au bord de nos ruisseaux, Marioit au doux bruit des eaux Sa gentille musette, Et chantoit auec les oyseaux Vne beauté parfaite.

POVR DANCER.

    Beauté qui n'as d'esgalle à toy,   *bis*
Karite, dont je tiens la loy,
Prends pitié de ma peine,
Sçachant ma constance & ma foy,
Ne sois plus inhumaine.

    Les rochers, les fleuues, les bois,   *bis*
A qui tous les jours mile fois
Ie conte mon martire,
S'esmeuuent au son de ma voix,
Et tu n'en fais que rire.

    Princesse de ma liberté,   *bis*
La douceur auec la beauté
N'est pas incompatible :
Mais de souffrir ta cruauté
Il ne m'est pas possible.

    Autrefois mes humides pleurs   *bis*
Arrousoyent les plus belles fleurs :
Mais mon cœur tout en flame
Ne peut soulager mes douleurs
Qu'aux soupirs de mon ame.

CHANSON

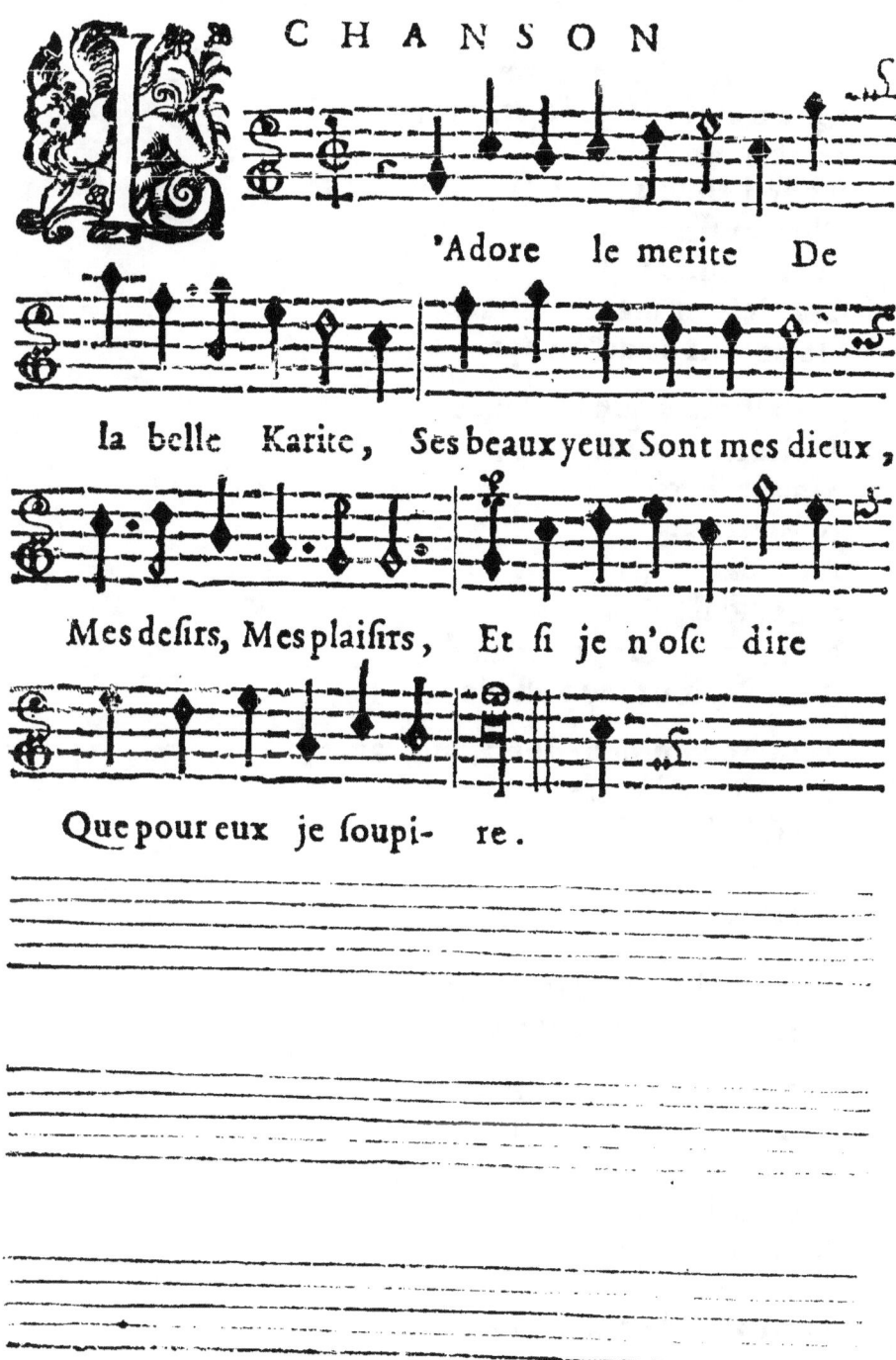

'Adore le merite De la belle Karite, Ses beaux yeux Sont mes dieux, Mes desirs, Mes plaisirs, Et si je n'ose dire Que pour eux je soupi- re.

Quelle dure maxime
Que d'aymer soit vn crime,
Ie ne puis
Tant d'ennuis
Plus souffrir
Sans mourir:
Car c'est vn mal extresme
De ne voir ce qu'on ayme.

I'estimois que l'absence
Finiroit ma constance :
Mais le sort
N'y la mort,
A ce mal
Sans esgal,
N'ont pouuoir, ny remede,
Tant l'amour me possede.

Mais comment donc, mon ame,
Ne s'esteind cette flame?
Ce soleil
Sans pareil
Ne me luit:
Mais me fuit,
Et mes pleurs, & ma plainte
Ne l'ont ils pas esteinte?

Non, car de son visage
Dans le cœur j'ay l'image,
Et l'amour
Nuit & jour,
A mes sens
Innocens,
Font voir de ma Karite
La grace, & le merite.

CHANSON

MA chere Philis, Les roses, & les lys N'ont rien de pareil A ton teint vermeil: Mais que ta cruauté Fait tort à ta beau-té.

POVR DANCER.

Seule dans ces bois
Tu mespriſe les loix
Que donne Cypris
Aux plus beaux eſprits :
 Mais qui vit ſans amour
 Est indigne du jour.

Tu ſçay que les dieux
Ont deſcendu des cieux
Pour offrir leurs cœurs
A des yeux vainqueurs.
 De faillir apres eux
 N'eſt-ce pas viure heureux ?

Ces petits oyſeaux
Auec leurs chants nouueaux,
N'auroyent de plaiſir
Sans ce beau deſir ,
 Et ne ſeroyent contents
 Pendant ce gay printemps.

Permetz donc , Philis,
Que dans ces bois jolis,
La nuit & le jour
Nous parlions d'amour ,
 Pour viure bien contents
 Prenons ces paſſe-temps.

DIXIESME LIVRE.   B

CHANSON

A Cloris à des appas: Mais ils ne me plaisent pas, Ie ne puis aymer le fard, Ie fuis l'artifice, Pour ne faire du mignard I'ayme ma Nour- rice.

POVR DANCER.

Son gros parler villageois
Me plait mieux que le bourgeois,
I'ayme sa naïueté
Qui n'a de malice,
Ainsi Cloris j'ay quitté
Pour cette Nourrice.

Exempte de cruauté
Aussi bien que de beauté,
Il ne faut point discourir
Ces mots de seruice,
Ny dire je veux mourir
Pour vous ma Nourrice.

Elle le veut, je le veux,
En fin nous voulons tous deux,
C'est où je prens mon plaisir,
Voyla mon caprice,
Ainsi j'ay voulu choisir
Ma grosse Nourrice.

Elle sçait au jeu d'amour
Le tour & le demy-tour,
Et de peur d'vser les draps
En cét exercice,
Elle m'embrasse à deux bras,
Voyla ma Nourrice.

CHANSON

Vrayment disoit Isabeau
Voyla mon colét fort beau,
A Robin Fichette,
Me voyla bien faitte:
Mais Robin ne laissoit pas
De gaigner au païs bas.

Si l'on me voyoit ainsi
Que pourroit on dire ?
Tu n'en as point de soucy,
Tu n'en fais que rire.
　　Mais.

Ha Robin, je n'en puis plus !
Que pense tu faire ?
Tes efforts sont superflus,
Ie criray ma mere.
　　Mais.

Ha ! vrayment c'est fait de moy,
Que ne suis-je morte,
Tu me traitte sur ma foy
D'vne estrange sorte.
　　Mais.

En fin pour vous dire tout,
Ce Robin Fichette,
Pour mieux en venir à bout,
Dessus la couchette
　　La mit, prenant les esbas
　　Que l'on trouue au païs bas.

B iij

CHANSON

Aux champs proche Paris Ce ne sont que jeux, & ris, Les belles sous habits d'anges Prennent de doux passe-temps: La saison des vandanges Est plus belle que le Printemps.

POVR DANCER.

Les cocus à foison
Sont pendant cette saison,
Celles qui ayment le change,
Rendent leurs esprits contents.
      La saison.

Chacune à son berger
En deuroyent ils enrager,
Au seelier, ou à la grange,
On fait aux champs comme aux champs.
      La saison.

Ie veis vne cypris
Vestuë d'vn habit gris,
Qu'on grattoit ou se demange
Vne fille de vingt ans.
      La saison.

Tous ces esprits jaloux
Peuuent bien deuenir foux,
Aux champs on ne trouüe estrange
De tromper ces mal contents.
      La saison.

Le nombre des cocus
Est plus grand que des escus,
Ie chanterois leurs louanges :
Mais quoy ? je n'ay pas le temps.
    Que pendant les vandanges
    Il se fait de cocus aux champs.

                      B iiij

CHANSON.

Alison, chere Alison, Fay moy raison, Fay moy raison, Si tu veux De mes vœux, D'vne excuse Ne m'abuse, Et ne me paye jamais D'vn si, d'vn car, ny d'vn mais.

POVR DANCER.

 Tu me dis si mes amours
Durent tousiours,   bis
Que tu as,
Et auras
Dans ton ame
Mesme flame.
  Dieux! ne me.

 Tu me dis: car si legers
Sont nos bergers,   bis
Leur plaisir,
Leur desir,
Chose estrange
C'est le change.
  Dieux! ne me.

 Puis tu me dis: mais aussi
Mon cher soucy,   bis
Si le temps
Tu attens,
Tu peux croire
La victoire.
  Dieux! ne me.

 Si je te trouue vne fois
Parmy nos bois,   bis
Quelque part
A l'escart,
Ie te jure,
Ie t'assure,
Sans craindre, mais, car, ny si,
I'appaiseray mon soucy.

         B V

CHANSON

Vous offencez dieu, Simonne,

D'en vser de la façon, Oubliez cette leçon

Puis que la mienne est si bonne : Iamais fille

ne se doit Chatouiller auec le doigt.

POVR DANCER. 14

Si cét endroit vous demange,
Ie sçay fort bien y pouruoir,
Si je ne fais mon deuoir
Que le lougarou me mange.
    Iamais.

Apprenez vn peu d'Agathe
Si je suis bon compagnon,
Ie suis son filz, son mignon,
Quand cét endroit je luy gratte.
    Iamais.

Simonne, laisse moy faire,
Ne perdons point ce loysir,
Si tu ny prens du plaisir
Que je puisse auoir la foire.
    Iamais.

Ha! tout beau, Robin, je pasme!
Ie me meurs! je n'en puis plus!
Tes discours sont superflus
D'aise je rauis ton ame.
    Iamais fille ne se doit
    Farfouiller qu'auec ce doigt.

CHANSON

TA coiffure est bien jolie, Ton bauollet est bien mis: Mais estant de tes amis Ie te diray ta folie: Cette queuë par derriere N'est qu'vn jouët pour le vent, Il t'en faut, ma Iardiniere, Vne autre pour ton deuant.

Vne queuë si petite
Ce n'est pas ce qu'il te faut,
Il y à quelque defaut
Indigne de ton merite.
    Aussi ta queuë.

Vne queuë lasche & molle
Aussi ne vaut rien du tout,
Iamais elle n'est debout,
Et ne vaut pas vne obolle.
    Aussi ta queuë.

Vne vieille n'est pas bonne,
Margot, ce n'est pas ton fait,
S'il faut venir à l'effet
Bien souuent elle est poltronne.
    Aussi ta queuë.

I'en ay vne à ton seruice :
Mais ne la refuse pas,
Et si ce n'est bien ton cas
Que je deuienne escreuice :
    Car ta queuë.

CHANSON

E n'en feray qu'à ma teste, Ce lambin n'est pas mon cas, Sçauez vo' bien que sa beste A toujours le nez en bas: Maman, qu'il porte son mou A la Chatte où au Ma- tou.

Il est bien vray qu'il me baise,
Et me chatouille par tout :
Mais tout dela ne m'appaise,
Son bout n'est jamais debout..
    Maman.

Ie pense qu'il est de Cire,
Plus je le touche il molit,
En fin puis qu'il faut tout dire,
Il ne vaut rien pour le lict.
    Maman.

Il dit que je l'importune
Quand je le veux carresser,
Ie luy en donneray d'vne
Puis qu'il ne sçauroit dresser.
    Maman.

I'yray dedans le boccage
Auec mon gentil Robin,
C'est pour son oyseau ma cage,
Et non pas pour ce lambin.
    Maman.

CHANSON

PErrette, ma bonne amie, Que ce Guillot me reuient, Toujours il me ressouuient Quãd il me prit endormie : Qui le prend sans dire mot, Croyez moy qu'il n'est pas sot.

POVR DANCER.

Ie rids songeant en la sorte
Que me prit ce faux garçon,
Qu'il sçayt bien cette leçon,
Ie ne fus pas assez forte.
  Qui le prend.

Qu'vn amant est agreable,
Et se rend bien complaisant
Alors qu'il prend en baisant
Cét endroit si desirable,
  Et montre qu'il n'est pas sot
  Le prenant sans dire mot.

Ie te jure, ma Perrette,
Que les plaisirs des amants
Sont de grands contentements
Quand la chose est bien secrette.
  Qui le prend.

Lors qu'vn amoureux demande
D'amour les plus doux appas,
Il ne les merite pas,
Faudroit qu'il payat l'amande,
  Et ne seroit pas si sot
  Le prenant sans dire mot.

DIXIESME LIVRE. C

CHANSON

MAmie le bon garçon, Disoit
Margot à sa mere, Si vous sçauiez la façon
Qu'il m'a mis sur la fougere: Dieux! qu'on à le
cœur joyeux Quand on void ainsi les Cieux.

POVR DANCER.

Ma foy je ne voulois pas
Qu'il me souſleuaſt ma cotte:
Mais aymant tant tes éſbas
Ie ne feray plus ſi ſotte.
    Dieux!

Il me fit vn peu de mal
Qui paſſa comme roſée:
Mais ce plaiſir ſans eſgal
Me rendit bien appaiſée.
    Dieux!

Quand je ſonge à ce plaiſir,
I'ay l'ame toute rauie,
Et ſi j'auois le loiſir
I'y ſerois toute ma vie.
    Dieux!

Si tu reuiens mon Ianot,
Que je te feray de feſte!
Ie te preſteray mon pot
Afin de loger ta beſte.
    Dieux!

CHANSON

Sçauez vous bien que Perrette
Commence de s'attiffer, Elle à blanche collerette, Elle sçayt mieux se coiffer, Et parauant vn an, ou deux Faudra luy casser ses œufs.

POVR DANCER.

Elle deuient fort gentille,
Sa beauté croit tous les jours,
Aussi le cœur luy fretille
Quand je luy dis mes amours.
 Et parauant vn an.

Le plus souuent je luy baise
Ses yeux, sa bouche, & son sein,
Sans faire de la mauuaise
Elle approuue mon dessein,
 Et parauant vn mois.

L'autre jour dessous sa cotte
Ie pris ce qu'entendez bien,
Elle fit vn peu la sotte,
Pourtant cela ne fut rien.
 Et parauant vn jour.

Que si je trouue Perrette
A l'escart en quelque endroit,
Que je deuienne charette
Si je ne luy metz tout droit,
 Et sans attendre vn jour, ny deux,
 Ie luy casseray ses œufs.

CHANSON

Nostre grand valet Guillaume
Me donne tout ce que je veux, Vne andouille auecque deux œufs, En fin de rien je ne chaume: Mais si ma
mere le sçauoit, Vray dieu que j'aurois le foüet.

POVR DANCER.

L'autre jour estant à l'ombre
Assise dessus nos fagots,
Il me donna deux abricots
Auec vn fort beau concombre :
    Mais.

Ce fut par vn beau dimanche
Que nous fusmes sous nos ormeaux,
Il me donna deux gros pruneaux
Qui tenoyent à vne branche :
    Mais.

Si les filles sont malades,
Il sçayt les guerir tout soudain :
Car il leur donne d'vn boudain
Auec deux grosses muscades :
    Mais si la mere.

En fin puis qu'il faut tout dire,
Ce Guillaume s'en vient la nuit
Pour me donner à petit bruit
Vn chose qui fait tant rire :
    Mais.

G iiij

CHANSON

Obin parlant à Martine
Luy dit, c'dit-il, quelque jour l'auray, c'dit-il, ton amour
Si, c'dit-il, tu ne t'obstine: Car, c'dit-il, mon amitié Vaut, c'dit-il, bien ta pitié.

POVR DANCER.

I'ay, c'dit-il, dans le village
Grange, c'dit-il, & maison :
C'dit-il dans chaque saison
I'ay, c'dit-il, de bon fruictage,
 Et, c'dit-il.

 Qui seront, c'dit-il, bien aise
Seront, c'dit-il nos parens,
I'en ay, c'dit-il, des plus grands,
C'dit-il, tu cognois bien Blaise,
 Il sçayt, c'dit-il, l'amitié
 Dont, c'dit-il, tu n'as pitié.

 Il me dit, c'dit-il, tu as de terre
Au moins, c'dit-il, trois arpens,
Moy, c'dit-il, je me repens,
C'dit-il, que tu la vas querre :
 Car, c'dit-il.

 Ie luy dis, c'luy dis-je, Blaise,
Ie l'ayme, c'luy dis-je bien :
Car, c'luy dis-je, elle n'a rien,
C'luy dis-je, qui ne me plaise,
 Et, c'luy dis-je, mon amitié,
 C'luy dis-je, luy fera pitié.

C v

CHANSON

MA voisine Iacqueline, Il n'est voisin qui ne voisine, Vos beautez, & vos appas Me retiennent en seruage : Ce n'est point vn voisinage Quand on ne voisine pas.

POVR DANCER.

Ce n'est pas bien estre fine,
Il n'est voisin qui ne voisine,
Que de faire si grand cas
De garder son pucelage.
  Ce n'est.

Iacqueline, ma diuine,
Il n'est voisin qui ne voisine,
Allons prendre nos esbas
Dans l'espais de ce feuillage.
  Ce n'est.

Ne faite point la mutine,
Il n'est voisin qui ne voisine,
Vous tenant entre mes bras
Ne resistez dauantage.
  Ce n'est.

En cét estat Iacqueline,
Il n'est voisin qui ne voisine,
Disoit mon fils, mon Colas,
Ie n'ay force ny courage.
  Ce n'est.

CHANSON

E trouuay seulette Aux bois l'autre jour M'amie Gillette, Gillette m'amour: Ie fis tant, tant, & tant, Que je me rendis content.

POVR DANCER.

Luy disant bergere
Où sont vos moutons,
D'vne main legere
Ie pris ses tetons.
    Ie fis tant.

Gillette s'escrie
Laisse-moy Ianot,
Et moy je la prie
De ne dire mot.
    Ie fis tant.

Adieu, me dit elle,
Ie m'en veux aller,
Non ferez, la belle,
Ie vous veux parler.
    Ie fis tant.

En fin je la jette
Sus vn verd gason,
Ainsi de Gillette
I'eus bonne raison,
    Et fis tant.

CHANSON

Velle resuerie Que ce phantos-me d'honneur, Cloris je te prie Apprens que nostre bon-heur C'est de finir nos desirs Dans les amoureux plaisirs.

POVR DANCER.

    Crois-tu les paroles,
Et les loix de ces vieux foux?
    Ce sont des friuoles
Qu'ont inuenté ces jaloux.
        Donc finissons,

    Ie sçay que tu m'ayme,
Tu me le dis l'autre iour:
    Ie t'ayme de mesme,
La preuue de nostre amour,
        C'est de finir.

    L'amour & la crainte
Combattent dedans ton cœur:
    Mais Cloris, ma plainte
Doit rendre Amour le vainqueur,
        En finissant.

    Si la jouïssance
Nous peut tout deux secourir,
    C'est pure innocence
De ne vouloir pas guerir
        En finissant.

    Ce lieu solitaire
Destiné pour les amants,
    Est fait pour nous plaire
Dans nos doux rauissements,
        Et pour finir.

CHANSON

L'Astre qui me domine De-
puis cinq où six jours, Me fait si triste mine,
Qu'au fort de mes amours, Ie perds l'enuie & le
dessein De plus adorer son beau sein,

POVR DANCER.

Si l'on m'ayme de mesme,
Ie veux aymer aussi :
Mais d'auoir le teint blesme,
Où faire le transi
Pour vne qui ne m'ayme point,
Ie ne suis foux jusqu'à ce point.

Quand vous estiez de flame,
I'estois rempli de feux :
Mais ores que vostre ame
Ne cherit plus mes vœux,
Changeant comme vous de desir,
C'est je croy vous faire plaisir.

Vostre humeur & la mienne
Sont d'accord en cecy,
Que chose qu'il aduienne
Nous n'en prendrons soucy :
De me changer c'est vostre but,
Et moy je vous mets au rebut.

Iamais la repentance
D'aymer vne beauté
Auec trop de constance,
Où trop de loyauté,
Ne troublera nostre raison,
Chacun s'en aille à sa maison.

DIXIESME LIVRE. D

CHANSON

J'Estois si vollage autrefois, J'estois si vollage autrefois, Que plus souuent que tous les mois Ie chãgeois de maistresse, Maintenant j'obserue les loix D'vne seule dé- es- se.

POVR DANCER.

Karité par les raretez   bis
De tant d'excellentes beautez
Qui reluisent en elle,
Me fait auoir les qualitez
D'vn amant tres-fidelle.

L'absence de ce beau soleil   bis
Qui m'est vn tourment sans pareil,
Ne destourne ma flame :
Car j'ay toujours de son bel œil
L'image dedans l'ame.

Ce bel astre pere du jour,   bis
Plus de trois fois à fait son tour
Sans auoir veu Karite,
Et la flame de mon amour
N'en est pas plus petite.

Ainsi qu'on ne void point les dieux,   bis
Ainsi je ne voy ses beaux yeux:
Mais toujours dans l'idée
Ie voy ce bel astre des Cieux
Dont mon ame est guidée.

D ij

CHANSON

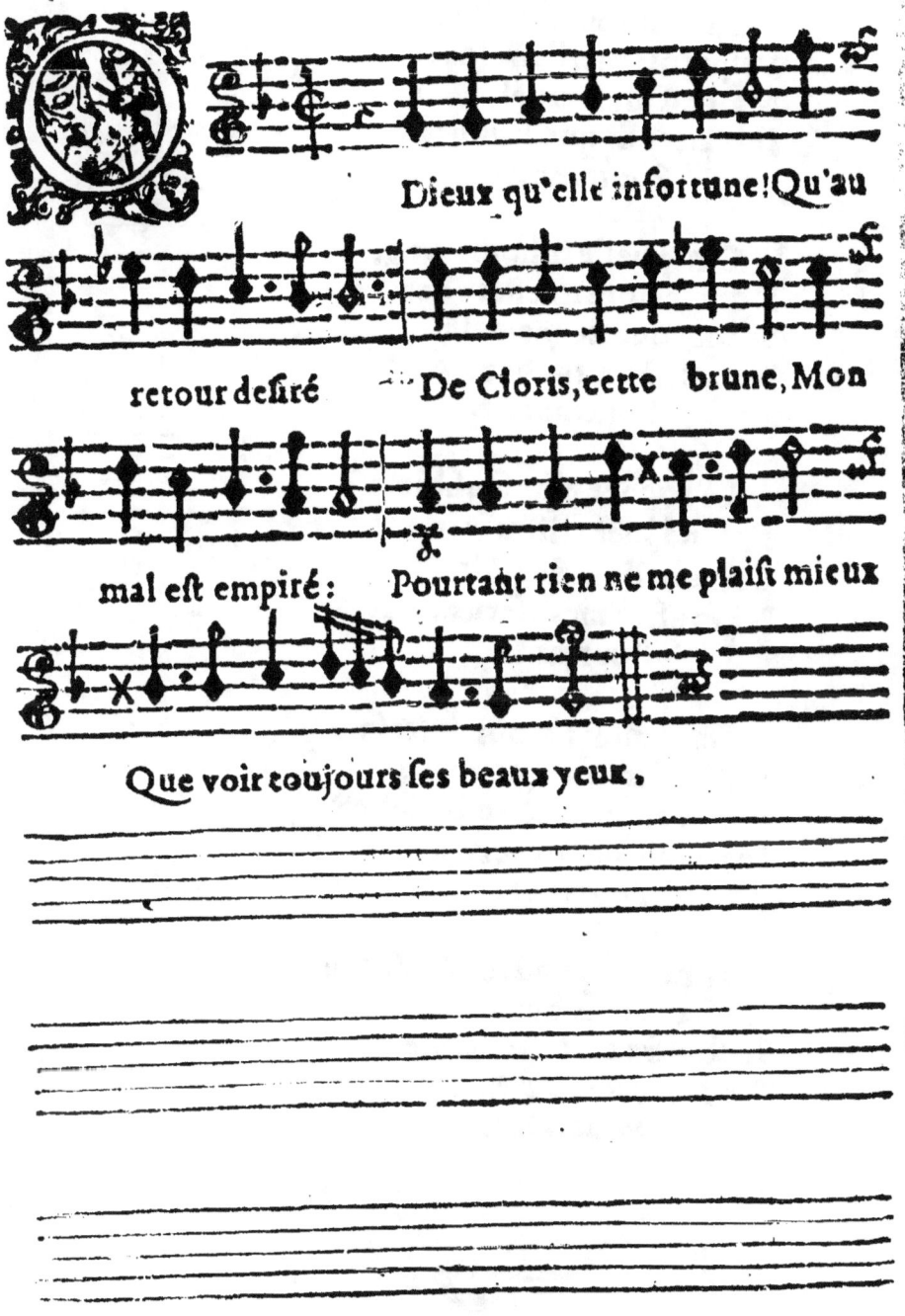

Dieux qu'elle infortune! Qu'au retour desiré De Cloris, cette brune, Mon mal est empiré: Pourtant rien ne me plaist mieux Que voir toujours ses beaux yeux.

POVR DANCER. 27

La renoyant si belle,
I'esperois meilleur sort :
Mais estant si cruelle
Ie n'attends que la mort.
    Pourtant.

Cette belle inhumaine,
Dont le nom m'est si cher,
Se mocque de ma peine,
Ie parle à vn rocher.
    Pourtant.

Le rocher plus sensible
Entend mes tristes cris,
Cette belle inflexible
Ne souffre mes escrits.
    Pourtant.

Dans mon amour extresme
Si j'escrits quelque vers,
C'est commettre vn blaspheme,
Ie ne suis qu'vn peruers.
    Pourtant.

Ie meurs pendant l'absence
De ses cheres beautez,
Ie souffre en sa presence
Toute les cruautez.
    Pourtant.

D iij

CHANSON

Irsis mon berger Ne fut jamais volage, Ie puis sans danger Baiser son beau visage: Mon plaisir est son desir, Mon desir est son plaisir.

POVR DANCER.

Gardans nos moutons.
Il me baise la bouche,
Il prend mes tetons,
Et sans cesse me touche.
　　Mon plaisir.

Que si quelquefois
Ie vays à la fontaine,
Ou bien dans les bois,
Ce pasteur me rameine.
　　Mon plaisir.

Nous n'auons tous deux
Qu'vn vouloir, qu'vne flame,
Mes vœux sont ses vœux,
Et mon ame est son ame.
　　Mon plaisir.

La diuinité
Qui nous à joins ensemble,
Veut cette vnité,
Belles, que vous en semble?
　　Ayez de pareils desirs,
　　Vous aurez mile plaisirs.

D iiij

CHANSON

'Ay quitté Cloris: Car cette inhumaine, Outre ses mespris Rioit de ma peine:
Ses plus doux ap- pas Donnent le trespas.

POVR DANCER.

De la desirer
Il est bien facile :
Mais de l'esperer,
C'est chose inutile :
    Elle fait souffrir
    Sans vouloir guerir.

Sa grande beauté
Est fort desirable :
Mais sa cruauté
Est insupportable :
    Ainsi j'ayme mieux
    Quitter ses beaux yeux.

J'ayme Ianneton
Qui n'est point farouche,
Ie prends son teton,
Ie baise sa bouche,
    Et si quelquefois
    Ie la meine au bois.

De mile plaisirs
Nostre ame est rauie :
Car de nos desirs
Nous passons l'enuie :
    Ainsi bien-heureux
    Ie vis amoureux.

C'est bien estre sot
Proche vne maistresse,
De ne dire mot,
Où viure en tristesse :
    Ie ne puis ainsi
    Faire le transi.

D V

CHANSON

Iluie trop inhumaine Sçayt ma peine, sçayt ma peine, Et si toujours la rigueur Se loge dedans son cœur : Il faut mourir, il faut mourir, Ie suis trop las de souffrir.

POVR DANCER.

En luy contant mon martire,
Ie soupire, je soupire,
Et si mes pleurs ny mes cris
N'ont pouuoir sur ses esprits.
      Il faut.

Ie suis bien aussi fidelle
Qu'elle est belle, qu'elle est belle,
Et si ma fidelité
Ne flechit sa cruauté,
      Il faut.

Ainsi Lisandre sans crainte
Fait sa plainte, fait sa plainte,
Dans le milieu de ces bois
Il repette mile fois
      Il faut.

CHANSON

Villot est tout mon desir, C'est
Sans luy je suis sans plaisir, C'est

luy seul que j'admire,
luy qui me fait rire :

Il m'apprit l'autre jour

Ce petit joly jeu d'amour.

POVR DANCER.

Tout ce qu'il veut il le dit
Sans penser ny sans peine,
Aucun n'a tant de credit
Sur les riues de Seine.
    Il m'apprit.

Il n'est rien de si gentil
Qu'alors qu'il fait vn conte :
Car il à l'esprit suptil,
Et la memoire prompte.
    Il m'apprit.

Il sçayt fort bien les cinq pas,
Le branle, & la courante,
Il va par haut & par bas,
Des dances il inuente.
    Il m'apprit.

Quand je ne songeois à rien
Estant dessus l'herbage,
Il me prit, & fit si bien
Qu'il eust mon pucelage.
   Il m'apprit ce beau jour
   Ce petit joly, eu d'amour.

CHANSON

Tu cognois bien ma franchise, Ie ne veux pas t'offencer: Mais dis-moy, chere Louyse, Comment tu peux t'en passer? Puis qu'vn mary, & vn amy Ne me contentent qu'à de- my.

POVR DANCER.

D'humeur tu es glorieuse,
Tu mesprise le plus beau,
Et moy je suis trop'heureuse
Quand j'ay quelque amant nouueau.
      Puis qu'vn.

Iamais en jour de ta vie
D'amour tu n'eus le desir,
Iamais e ne suis rauie
Qu'en goustant ce doux plaisir.
      Puis qu'vn.

Mais où ta raison se fonde
De n'aymer aucun amant,
Moy cherissant tout le monde
I'ay tout le contentement.
      Puis qu'vn.

Bien sotte tu veux paroistre
Quand tu n'ayme rien du tout,
Pour moy je me plais mieux d'estre
Plus couchée que debout.
      Puis qu'vn.

Apprens que dans la vieillesse
On ne nous recherche plus,
De bien passer ma jeunesse
Mes esprits sont resolus.
      Puis qu'vn.

CHANSON

'Eſt trop dire　Son martire,

C'eſt trop long tēps ſoupirer, C'eſt trop craindre,

C'eſt trop plaindre, Ie ne veux plus endurer:

Margot, il faut à ce coup Dancer le branle du loup.

POVR DANCER.

Voy mon ame
Toute en flame
Te consacrer mile vœux,
Sois donc, belle,
Moins rebelle,
En voulant ce que je veux :   Car il nous.
Tu t'excuse,
Tu m'abuse
Quand je te tiens à l'escart,
Ie te jure,
Ie t'assure
Parauant nostre départ,
Que nous dancerons vn coup
Le gentil branle du loup.
Ce feüillage,
Cette ombrage
Nous conuie au jeu d'amour,
Et personne
Ne resonne,
Que les oyseaux d'alentour.   Margot.
Ha! parjure,
Qu'elle injure,
Las! je meure laisse moy :
Cher Melinte,
Quoy ma plainte
Ne peut rien gaigner sur toy ?   Margot.
Tes paroles
Sont friuoles,
Ie ne sçaurois plus souffrir,
Le remede
Ie possede,
Margot, il me faut guerir ?
            Car il nous.

DIXIESME LIVRE.   E

CHANSON

MArgot fait de la retiue,
Perrette veut de l'argent, Ieanne auec son entregent
Pense qu'elle me captiue: Mais je n'ayme
que Thoinon Qui ne me dit jamais non.

Catin fait trop la farouche,
Il ne faut pas la baiser,
On ne sçauroit appaiser
Louyse quand on la touche.
　　Ie n'ayme que.

Cette petite cocquette
Pouuoit beaucoup dessus moy,
Et je n'eusse, sur ma foy,
Iamais sonné la retraitte,
　　Sans ma gentille.

Qu'on adore, que l'on prie
Cette superbe Cloris,
Vous n'auez que des mespris
Pour vostre cageollerie.
　　Ie n'ayme que.

Thoinon est bien plus gentille,
Elle veut ce que je veux,
C'est la plus drosle de fille,
Pour vn coup elle en rend deux.
　　Qui n'aymeroit.

E ij

CHANSON

E ne sçay comment il me prit, Iacqueline mamie, N'y où j'auois mis mon esprit, I'estois toute endormie: Que cét Ambroise l'entend bien, Il prend, & ne demande rien.

Dieux! qu'il sçayt bien cette leçon,
Qu'il entend bien l'affaire!
Il me prit de telle façon
Que je ne sçeus que faire.
    Que cét.

Ie criois au commencement,
I'estois pire que folle :
Mais je ne fus pas vn moment
Sans perdre la parole.
    Que cét.

A la fin je n'en pouuois plus,
I'estois toute pasmée :
Mes efforts furent superflus,
En dois-je estre blasmée ?
    Que cét.

Mais que me sert il d'en mentir,
I'ayme bien cét Ambroise,
Quand je deurois m'en repentir
Ie veux bien qu'il me baise.
    Que cét.

CHANSON

Mais pourquoy dittes vous Les beaux yeux de ma belle Auoir des traits si doux, Puis qu'elle est si cruelle? Qu'il faut qu'à sa presence Ie prefere vne absen-ce.

Quand je voy tant d'appas,
De grace, & de merite,
L'image du trespas
Sur ma face est escritte :
　Si bien qu'à sa.

Tous ceux qui de l'Amour
Ressentent les détresses,
Ne cherissent le jour
Absents de leurs maistresses :
　Mais moy à sa.

Ie sçay que sous les Cieux
Rien n'est si desirable
Que de voir ses beaux yeux :
Mais moy trop miserable,
　Il faut qu'à sa.

Mais quoy ? peur du tombeau
Ne verray-je Karite ?
Pour vn sujét si beau
La perte est trop petite.
　I'ayme trop sa presence
　Pour souffrir son absence.

CHANSON

N E veux-tu pas, belle Aurore,
Au lieu de ce vieil pleureux, Choisir vn jeune amoureux
Qui au lit te tienne encore? Aussi bien ta clair-
té me nuit, Mes amours n'aymēt que la nuit.

POVR DANCER.

Beau soleil, ne nous ameine
Que de trois jours ton beau jour,
Tu feras pour mon amour
Ce que tu fis pour Alcmeine.
    Aussi bien.

Que ta clairté fut cruelle
Au dieu Mars, & à Venus,
Quand ils furent trouuez nuds
Par cette trouppe immortelle.
    Ainsi ta lumiere.

La ialousie, & l'enuie
Se seruent de ta clairté,
Pour m'oster la liberté
De voir ces roys de ma vie.
    Ainsi ta lumiere.

Car vne clairté premiere
A toute celles des Cieux,
Cette Karite aux beaux yeux
Est mon vnique lumiere,
    Et lors que sa beauté me luit,
    La clairté du Soleil me nuit.

E v

CHANSON

E com le com le compere, Le compere Robinet, N'a plus sa grande chandelle,
Ce n'est plus rien qu'ū binet : Sa femme luy fait querelle, N'en veut pour son cabinet.

POVR DANCER.

    Le Vicaire saint Thibaut,
Voyant qu'elle se regrette
Sur ces montagnes la haut,
Luy dit, ne pleurez Iacquette,
I'apporte ce qu'il vous faut.

    Le vinaigre, & le verjus
Ne sont vostre medecine,
Il vous faut d'vn autre jus:
Couchez vous sous la courtine,
Et je feray le surplus.

    Mon Vicaire, mon amy,
Si vous en prenez la peine
Ne faites pas à demy:
Car Robinet pert haleine,
Et dit qu'il est endormy,

    Le compere de retour,
Void au trauers d'vne fente
Que l'on joue au jeu d'Amour,
Disoit, en criant méchante,
Tu me fais vn mauuais tour.

CHANSON

Ve j'ayme l'humeur de Catin,

Dieux! qu'elle est jolie, Soit au soir, où le matin,

Quand on la supplie, Douce elle est jusqu'à ce point,

Qu'elle ne re- fuse point.

Sur ma foy ce sont de grands foux
De nouuelle datte,
Veu qu'elle n'ayme le moux,
Qui l'appellent chatte,
Sans aymer la cruauté
Elle ayme la dureté.

Quand à moy j'ayme son humeur,
Mesprisant ces belles
Qui se picquent de l'honneur,
Et font les rebelles,
En fin qui voudroyent choisir
Pluftot la mort qu'vn plaisir.

Quoy? faut-il que nos jeunes ans
Paffent fans delices?
Ce sont folies de gens
Auec leurs polices:
Proche la diuinité,
N'aymer c'eft iniquité.

CHANSON

Irsis plaignoit son tourment Sur les riues de la Seine, Et disoit que j'ay de peine Pour aymer si hautement : Ie luy dis que mes esbats N'estoyét que d'aymer le bas.

Ie suis vn autre Ixion,
Disoit il en sa tristesse,
Ma belle est vne déesse:
Mais ce n'est pas fixion.
    Ie luy dis.

I'aduouë la verité,
Vn dieu n'est pas digne d'elle,
Bien que je sois tres-fidelle,
C'est trop de temerité.
    Ie luy dis.

Que de mourir, disoit-il,
Pour toy, belle, m'est de gloire:
Tirsis, luy dis-je, il faut croire
Que tu n'es gueres subtil:
    Car pour prendre ces esbats
    Ie ne veux rien que le bas.

Cesse Tirsis tant de pleurs,
Esloigne de toy ses charmes,
Sçays-tu les plus fortes armes
Pour chasser tant de douleurs:
    Ainsi que moy prends le bas,
    C'est où je prends mes esbats.

CHANSON

Ette rauissante brune, Ce miracle de beauté, Sous son pouuoir arresté Tient l'Amour, & la fortune: L'Amour, la fortune, & les dieux Rendent hómage à ses beaux yeux.

POVR DANCER.

Amour n'a plus d'autres flesches,
Ses ineuitables dards,
Il les prend dans ses regards,
Qui font aux cœurs mile bresches.
      L'Amour.

La fortune qui mesprise
Tout ce qui est icy bas,
Voyant ses charmants appas
Aduoüa qu'elle estoit prise.
      L'Amour.

Iupiter, Mars, & Neptune,
Apolon pere du jour,
N'eurent jamais tant d'amour
Qu'ils en ont pour cette brune.
      L'Amour.

Mais cette Cloris si belle,
Qui captiue tous les cœurs,
N'eust jamais que des rigueurs
Pour ceux qui n'adorent qu'elle.
      L'Amour.

DIXIESME LIVRE.

CHANSON

P Hilis, vous auez raison, Ie ne vays pas au contraire, Pendant ma verte saison Ie sçauois bien mieux vo⁹ plaire: Mais maintenãt ce que je peux, C'est en huit jours vn coup ou deux.

Toute les nuits quatre coups,
Estoyent-ils pas d'ordinaire?
Que je sois mangé des loups
Si je sçaurois plus les faire:
 Car maintenant.

Vous abhoriez le plaisir
Dans la fleur de mes années,
Vous bruslez de ce desir,
Quand mes choses sont fanées:
 Car maintenant.

Lors que j'estois tout de feu,
Vous estiez toute de glace,
Amour, ce maistre du jeu,
A ce feu change de place.
 Et maintenant.

D'esteindre ce feu si chaut
Il n'est pas en ma puissance,
Pour l'alleger il vous faut
La fontaine de jouuance:
 Car maintenant.

CHANSON

L'Hyuer a quitté la place, Le Printemps est le vainqueur, On ne trouue plus de glace Que celle de vostre cœur. Flore baise son Zephire, Tous les bergers sont contents, Autre que moy ne soupire Pendant ce joly Printemps.

Voſtre teint de lys, de roſe,
Eſt vn printemps, ma Cloris:
Mais las! voſtre cœur me cauſe
Vn hyuer par ſes meſpris.
    Flore baiſe.

Pendant le printemps Cephalle
Baiſoit cét aſtre du jour,
Dans ce printemps rien n'eſgalle
Les peines de mon amour.
    Flore baiſe.

Vous eſtes ma belle aurore,
Mon printemps delicieux,
Vos beautez naiſſent encore,
Et mes maux ſont des-ja vieux.
    Flore baiſe.

Dans ce printemps de voſtre aage,
Dans cét apuril de vos ans,
Adouciſſez le ſeruage
Du plus parfaict des amans.
    Flore baiſe.

CHANSON

SI jamais j'ayme Magdelon, Que je sois fait cõme vn poisson, Vray dieu qu'elle est vilaine! Elle à de beau, cette guenon, Le nom de Magdeleine.

Ses yeux je croy sont soupiraux   bis
Pour deualer aux infernaux,
Tant ils sont effroyables,
Qui les void souffre plus de maux
Que les plus miserables.

Son triple nez rouge & mal fait,   bis
Puant cent fois plus qu'vn retrait,
Et mangé de veroille,
Produit tous les jours en effet
Deux cent liures de collé.

Ses dents longues, noires font peur,   bis
Sa bouche souffle vne vapeur,
Qu'vne lieue à la ronde,
Cette infernalle puanteur
Infecte tout le monde.

Pour le corps, les pieds, où la main,   bis
Ie n'en dis rien, c'est pour demain
Que l'on peut voir ce monstre,
C'est à la foire saint Germain
Qu'vn podagre la montre.

CHANSON

J'Estimois par vne absence
Recouurir ma guerison : Mais elle n'a la puissance De me sortir de prison : Car mon cœur est trop espris De ces beaux yeux qui m'ont pris.

POVR DANCER.

De mespris cette cruelle
Recompense mon amour,
Elle sçayt que c'est pour elle
Que je me meurs nuit & jour.
  Et que mon cœur.

Mes pensers qui sont complices
Des tourments que j'ay soufferts,
Entretiennent mes supplices,
Et sont causes de mes fers.
  Car mon cœur.

En vain je fais resistance
Contre ses charmants appas,
Mon ame à trop de constance
Pour viure & ne l'aymer pas.
  Et mon cœur.

Il faut donc prendre courage,
Et se plaire dans mon sort :
Car j'ayme tant le seruage
Que j'aymerois mieux la mort.
  Pluſtot que de n'eſtre.

F v

CHANSON

L'Hyuer est aux vieillards Vne saison mortelle: Mais ces jeunes gaillards L'estiment la plus belle: L'hyuer qui n'a point de jour Est fauorable à l'amour.

POVR DANCER.

Ie n'ayme le Printemps,
L'Esté ne me contente :
Mais j'ayme bien le temps
Que le Soleil s'absente.
  L'Hyuer.

L'Amour, & le Soleil
Ont vne antipathie,
Que je crains son réueil
Quand je tiens ma Clythie.
  L'Hyuer.

Que le Soleil me nuit
Quand vn bel œil m'esclaire,
Aux amoureux la nuit
Iamais ne peut desplaire.
  L'Hyuer.

Hyuer, tes longues nuits
Permettent que ma belle
Escoute mes ennuis,
Et que je sois pres d'elle.
  L'Hyuer.

CHANSON

RObin estoit dans vn coing Auec Margot sur le foin, Lors qu'y suruint son mary Qui n'est qu'vne pecore : La, la, la fi j'en ay ry, I'en riray bien encore.

POVR DANCER. 47

Ce pauure sot n'osa pas
Auancer deux où trois pas;
Encor que ce fauory
Baisast ce qu'il adore.
  La, la, la.

Au contraire ce lourdaut
Gaigne au pied, & prend le haut,
Et dit, faisant vn grand cry,
Robin me deshonore.
  La, la, la.

L'hostesse du bon raisin,
Luy dit, qu'as-tu mon voisin?
C'est que Robin pres d'icy
A Margot s'incorpore.
  La, la, la.

Alors pour le consoler
Elle vient le cageoller:
Mais le pauure nez pourry
Est plus froid que landore.
  La, la, la.

CHANSON

Beaux yeux rauissants, Nourrissons de ma flame, Charmes de mes sens! Deitez de mon ame! Commandez moy le trespas Pluſtot que de ne vous voir pas.

POVR DANCER.

 Helas! qu'ay-je fait,
Iusqu'où va mon offence?
Quel est ce m'effet,
Ha! je meurs quand j'y pense.
  Commandez.

 Le crime commis,
C'est que je vous adore,
Et mes ennemis
Le redisent encore.
  Commandez.

 Ils disent qu'Amour
Me tient sous vostre empire,
La nuit & le jour,
Que pour vous je soupire.
  Commandez.

 Voyla le peché,
Mes crimes, & mes vices,
I'y suis attaché
Malgré tous vos supplices.
  Commandez.

De m'en divertir
Ie ne le puis, ma belle,
Si je suis martir
Ne soyez ma cruelle,
  Commandez.

CHANSON

A Marillis, vos beaux yeux
Peuuent charmer to⁹ les dieux, J'adore vostre beauté, Vous estes toute cœleste, Et rien d'humain
ne vous reste Sinon vostre cruauté.

POVR DANCER. 49

Vous & le divin Soleil
Faites vn effet pareil :
Car celuy qui fixement
Trop temeraire contemple
Vostre beauté sans exemple,
N'en reçoit que du tourment.

Mais las ! pour moy je ressens
Que vos traits sont plus puissans :
Car le cœleste flambeau
Ne nous blesse que la veuë :
Mais vostre regard me tuë,
Et me conduit au tombeau.

Seule cause de mes vœux,
Seule cause de mes faux
Ainsi que de mon trépas :
Vous sçauez bien que mon ame
Ne ressent point d'autre flame
Que celle de vos appas.

Ie mourray pour vostre amour :
Mais on dira quelque jour,
Daphnis estoit vn amant
Des amants le plus fidelle,
Qui pour trop aymer sa belle
Voulut mourir en aymant.

DIXIESME LIVRE.   G

CHANSON

Aut-il que cette innocence Soit encore de ce temps? Que les femmes n'ōt puissance D'auoir leurs doux passe-temps, Et qu'il ne leur soit permis De rire auec leurs amis.

POVR DANCER.

N'est-ce pas vne folie,
Qu'il faille qu'vne beauté
D'vne humeur douce & jolie,
Exerce vne cruauté ?
 Et qu'il ne luy.

Ces vieillards qui n'ont de joye
Qu'à dire leur chappeller,
Veulent qu'vne dame croye
Qu'il n'y à rien de si laid
 Que rire auec ses amis,
 Et qu'il ne leur est permis.

Que des cornes à la teste
Aux hommes l'on fait porter,
C'est faire peur de la beste
Aux enfants sans les foüetter :
 Car je sçay qu'il est.

Non, non, diuine Karite,
Ne croyez pas ces vieux fous,
Vous auez trop de merite
Pour n'aymer qu'vn vieil jaloux.
 Croyez moy qu'il.

G ij

CHANSON

Ie t'ayme Stenelle, Non d'amour, mais d'amitié: Ie ne suis pas sans pitié Voyant que tu n'es plus belle: Car l'amour ne dure pas Sans beauté, n'y sans appas.

POVR DANCER.

Maintenant ta face
N'a plus ce front, ces beaux yeux,
Ils font ridez, chaſſieux,
Que veux-tu que je te face?
    L'amour ne s'entretient.

Ton nez qui s'allonge,
Sans ceſſer va degoutant:
De mouchoirs il t'en faut tant,
Sers toy pluſtot d'vne eſponge.
    L'amour.

Mais qu'as-tu peu faire
De tes tetons ſi jolis?
Sont ils morts, enſeuelis,
Où ſous quelqu'autre hemiſphere?
    L'amour.

Sois, chere Stenelle,
Auſſi belle que jadis,
Tu ſeras mon paradis,
Et je ſeray ton fidelle.
    L'amour.

CHANSON

J'Ayme vne beauté nouuelle Qui ne peut auoir quinze ans, Ie jouë à des jeux d'enfants Le plus souuent auec elle: Ainsi l'on à ces fillettes Sans parler d'amourettes.

POVR DANCER.

Ie jouë à vendre l'auoyne,
Et à cache-mitoulas,
Que si nous en sommes las,
Nous jouions à bransle-moyne.
    Ainsi.

Ie gage qu'auec la bouche
Elle n'aura point l'anneau,
C'est auec ce jeu nouueau
Que ses deux leures je touche.
    Ainsi.

I'ay toujours de bonne poudre
Que je mets sur ses cheueux,
N'est-ce pas pour la resoudre
A faire ce que je veux?
    Ainsi.

Ie faits encore autre chose,
Ie prends ses tetons jolis,
En y mettant quelque lys,
Vn œillet, ou vne rose.
    Ainsi.

Vn soir qu'vne nuit obscure
Couuroit tout cét vniuers,
Ie mis la belle à l'enuers,
N'est-ce pas bonne auanture?
    Ainsi.

DIALOGVE

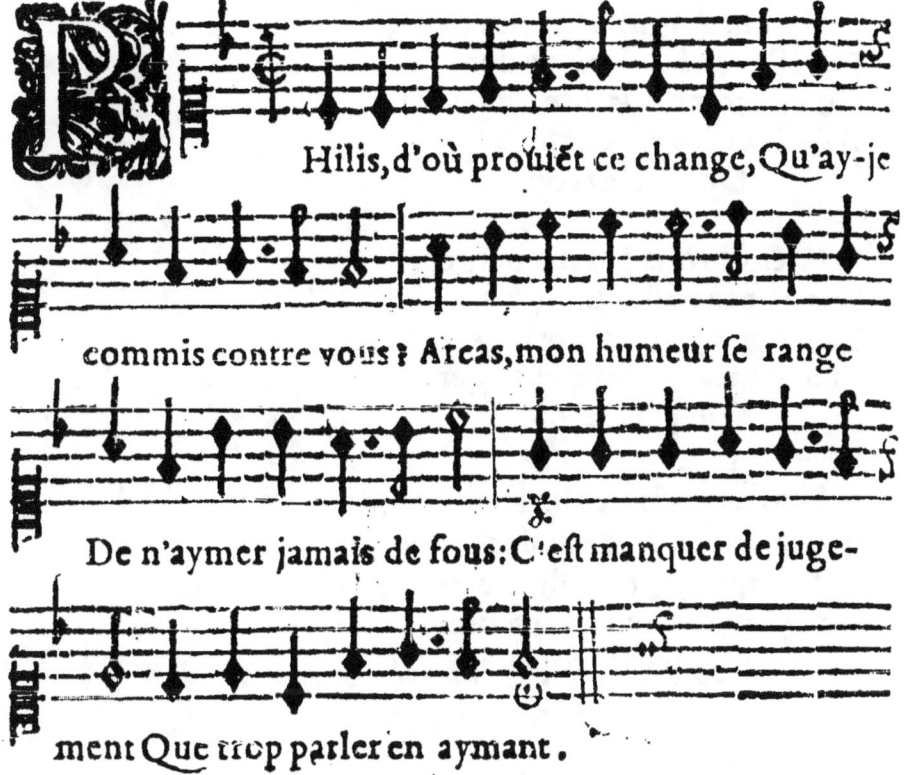

Hilis, d'où prouiét ce change, Qu'ay-je commis contre vous? Arcas, mon humeur se range De n'aymer jamais de fous: C'est manquer de jugement Que trop parler en aymant.

  I'ay dit mon amour fidelle
 A ces bergers d'alentour.
 C'est bien manquer de ceruelle
 Que publier son amour,
  Et parler trop en aymant
  C'est manquer de jugement.

  I'ay graué dans mile places
 Nos chiffres entre-lassez.
 Que n'estoit-ce sus des glaces,
 Ore ils seroyent effacez.
   C'est manquer.

Si mon amour n'estoit sainte,
Lors il n'en faudroit parler
Qu'elle soit où sainte où feinte,
Il faut toujours la celer.
    Qui parle trop.

N'estes vous pas ma bergere?
Suis-je pas vostre berger?
Ta langue prompte & legere
M'a contraint de te changer.
    Qui parle trop.

Finissez vostre colere
Acceptant ce doux baiser.
Arcas, qui sçayt me desplaire
Ne sçayt pas bien m'appaiser.
    Qui parle trop.

Quelqu'autre vous à surprise,
De grace dittes le moy?
Ie suis vn peu mieux apprise
A sçauoir taire que toy.
    Qui parle trop.

Vous me traittez d'vne sorte
Qui me fait beaucoup souffrir.
Maintenant il ne m'importe
De te voir viure où mourir:
    Ie ne veux pour mon amant
    Vn berger sans jugement.

G V

F I N.

TABLE.

A
Alison, chere Alison. feuil. 13
Amarillis, vos beaux yeux. 49
Aux champs proche Paris. 12

B
Beaux yeux rauiſſants. 48

C
C'est trop dire ſon martire. 33
Cette rauiſſante brune. 41

F
Faut-il que cette innocence. 50

G
Guillot est tout mon deſir. 31

I
I'adore le merite. 2
I'ay quitté Cloris. 29
I'ayme vne beauté nouuelle. 52
Ie n'en feray qu'à ma teſte. 16
Ie ne ſçay comment il me prit. 35
I'eſtois ſi vollage autrefois. 26
I'eſtimois par vne abſence. 45
Ie trouuay ſeulette. 23
Ie t'ayme Stenelle. 51

L
L'aſtre qui me domine. 25
Le compere Robinet. 38
L'Hyuer à quitté ſa place. 43
L'Hyuer eſt aux vieillards. 46
Liſe aſſiſe ſur les fleurs. 5
Lyſandre au bord de nos ruiſſeaux. 7

M
Ma chere Philis. 9
Ma Cloris à des appas. 10

TABLE

Mais pourquoy dittes vous.	36
M'amie le bon garçon.	18
Margot fait de la retiue.	34
Ma voisine Iacqueline.	22

N
Ne veux-tu pas, belle Aurore.	37
Noſtre grand valet Guillaume.	20

O
O dieux ! qu'elle infortune.	27

P
Perrette, ma bonne amie.	17
Philis, vous auez raiſon.	42
Philis, d'où prouient ce change ?	53
Printemps ſans ma belle.	6

Q
Que Marie eſt belle.	4
Qu'elle reſucrie.	14
Que j'ayme l'humeur de Catin.	39

R
Robin parlant à Martine.	21
Robin eſtoit dans vn coing.	47

S
Sçauez vous bien que Perrette.	19
Si jamais j'ayme Magdelon.	44
Siluie trop inhumaine.	30

T
Ta coiffure eſt bien jolie.	15
Tircis mon berger.	28
Tircis plaignoit ſon tourment.	40
Tu cognois bien ma franchiſe.	32

V
Vous offencez dieu, Simonne.	14
Vrayment, diſoit Iſabeau.	11

FIN.

EXTRAIT DV PRIVILEGE.

AR LETTRES PATENTES DV Roy données à saint Germain en Laye le vingt-neufiesme jour de Nouembre, l'An de grace Mil six cens trente-trois, & de nostre reigne le vingt-quatriesme. Signées LOVYS, & plus bas, PAR LE ROY. DE LOMENIE. Scellées du grand sceau en cire jaune sur simple queuë, confirmatiues à d'autres precedentes. Verifiées au Parlement le seisiesme jour de Ianuier, mil six cens trentequatre. Par lesquelles il est permis à Pierre Ballard, seul Imprimeur de la Musique de sa Majesté, d'imprimer, faire imprimer, vendre & distribuer toute sorte de Musique tant voccale, qu'instrumentale, de tous Autheurs : nonobstant toutes autres Lettres à ce contraires. Faisans defences à toutes autres personnes de quelque condition & qualité qu'ils soyent, d'entreprendre ladiste impression de Musique, ny en extraire aucune partie en quelque sorte ou maniere que ce soit, ny mesmes contrefaire les Nottes, Caracteres, Lettres Grises: ny autres choses inuentées par ledit Ballard qui seruent audit exercice.

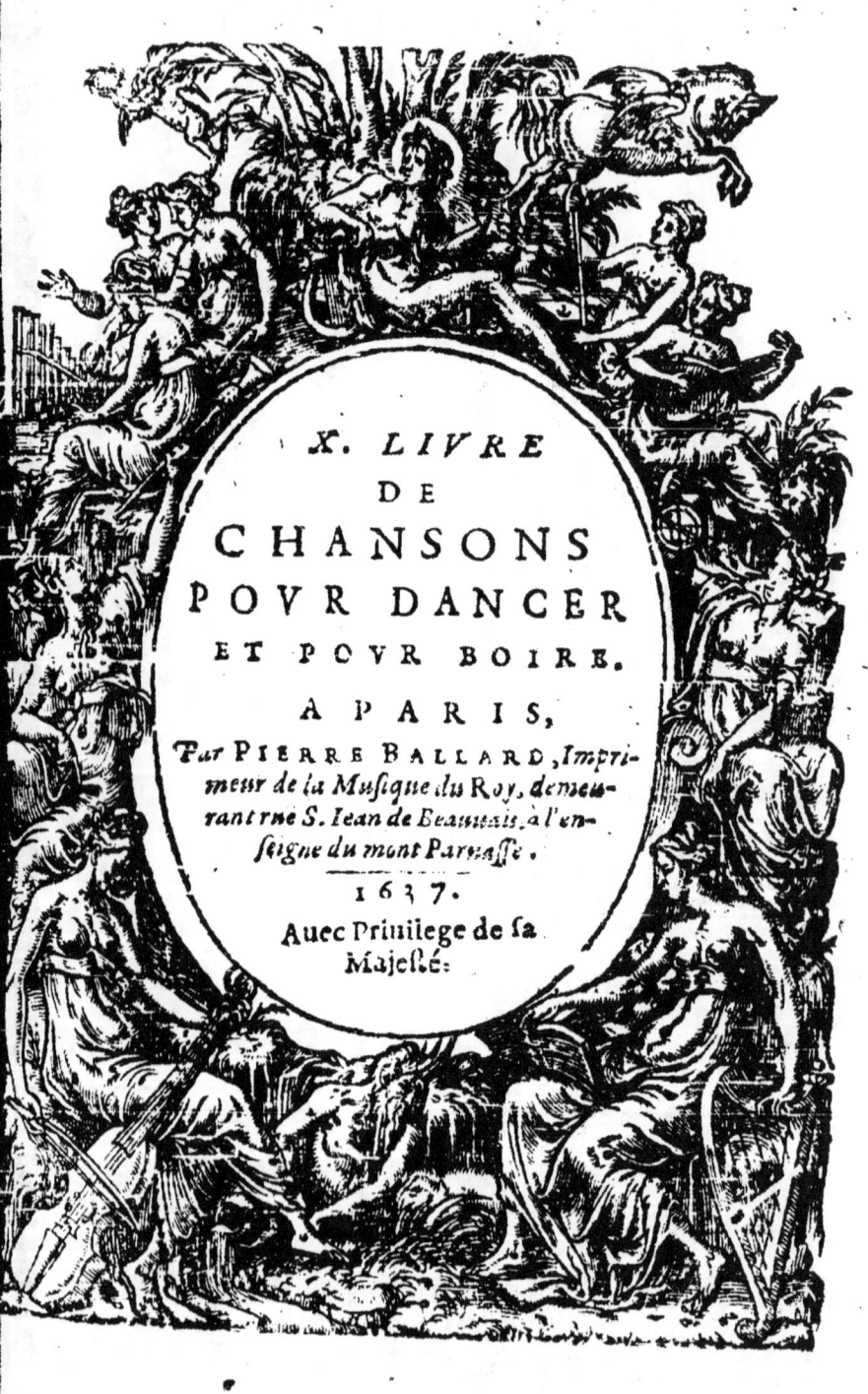

X. LIVRE DE CHANSONS POVR DANCER ET POVR BOIRE.

A PARIS,

Par PIERRE BALLARD, Imprimeur de la Musique du Roy, demeurant rue S. Iean de Beauuais, à l'enseigne du mont Parnasse.

1637.

Auec Priuilege de sa Majesté.

CHANSON
POVR DANCER.

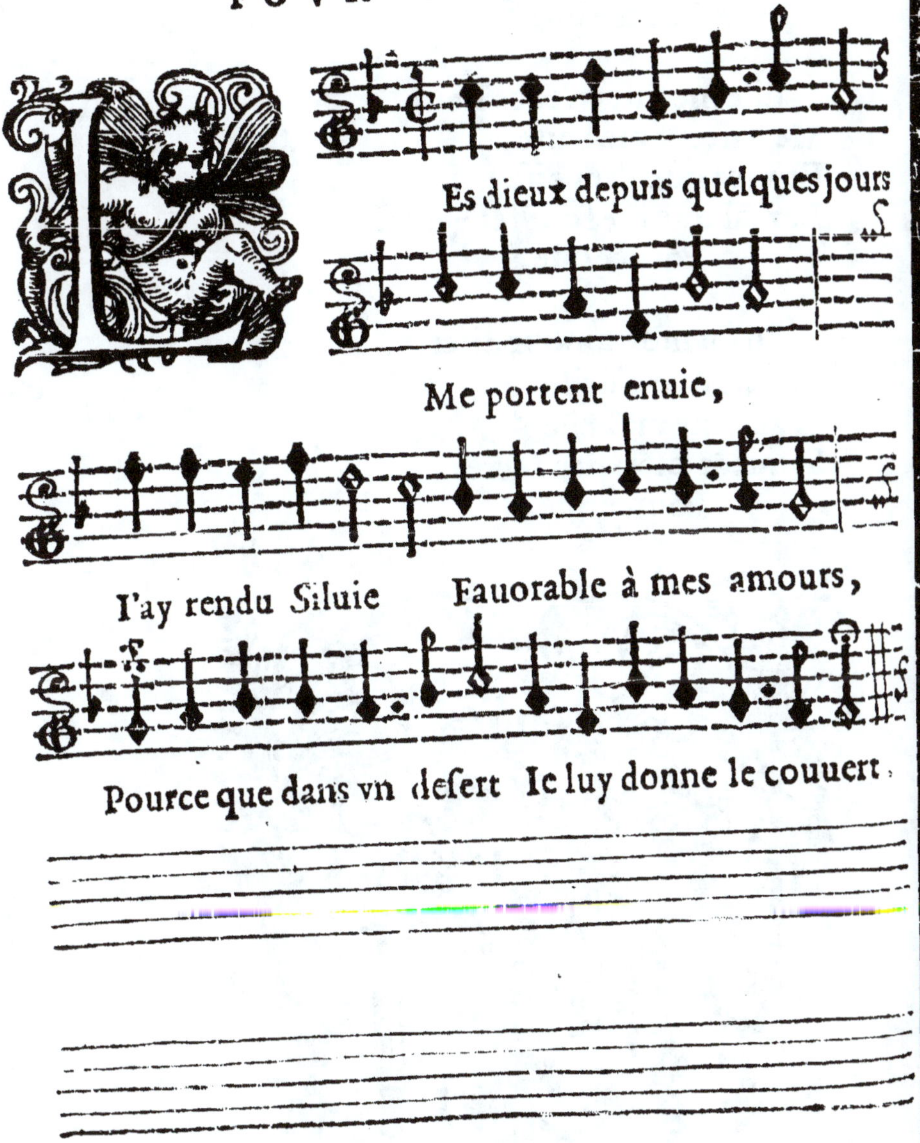

Es dieux depuis quelques jours

Me portent enuie,

J'ay rendu Siluie Fauorable à mes amours,

Pource que dans vn desert Ie luy donne le couuert.

POVR DANCER.

De galands, de bracelets
Depuis on me pare,
L'on n'est point auare
De cheueux, ny de poulets.
  Pource que.

Elle me suit en tous lieux,
Me flatte & me baise,
Et veut que j'appaise
Le mal que me font ses yeux.
  Pource que.

En fin mon amour discret
Autant que fidelle,
M'ameine ma belle
Souuent en vn lieu secret.
  Pource que.

A ij

CHANSON

Ve ma mere est paresseuse
De me trouuer vn amant, Et que je suis malheureuse De languir incessamment: Ie ne puis retenir mon eau Si l'on ne bouche mon tonneau.

Lors que je pense luy dire
Que j'ay pour le moins vingt ans,
La fole se prend à rire,
Et me dit qu'il n'est pas temps
Que l'on estouppe mon tonneau,
Et qu'il faut retenir mon eau.

Que mon oreille se lasse
D'entendre tous ces discours :
Mais ma foy quoy qu'elle fasse
Ie chercheray du secours,
Pour faire boucher mon tonneau
Affin qu'il ne manque plus d'eau.

Ie prendray le premier homme
Qui me viendra cageoller,
Et je veux bien qu'on m'assomme
Si je ne me laisse-aller,
Ouurant de bon cœur mon tonneau
Affin qu'il ne manque plus d'eau.

CHANSON

E n'est pas le secret D'estre aymé d'Amarante Que d'estre fort discret, Et d'humeur complaisante: Car Pour toucher son sentiment Il faut bien faire autre- ment.

Luy disant mes tourments
J'ay fait voir ma constance,
Et de mile serments
J'ay tenté sa croyance :
 Mais
 Pour toucher.

D'vn amoureux transi
J'ay fait le personnage,
Du desespoir aussi,
Et du fol, & du sage :
 Mais
 Pour toucher.

En fin l'occasion
A changé ma fortune :
Car nostre affection
Est esgalle, & commune :
 Car
 Trois baisers pris hardiment
 Ont touché son sentiment.

CHANSON

Vi j'adore tes appas: Mais ingratte ne crois pas Que ta froideur qui m'offence Ne me puisse desgager: Si tu rids de ma constance, Ie suis tout prest de changer.

POVR DANCER.

Tu peux bien voir dans tes yeux
Que mon cœur brusle pour eux,
Fais qu'vn regard me l'aduouë,
Mon amour est sans danger :
Mais si ta froideur me jouë
Ie suis tout prest de changer.

De tant de doux entretiens
Ie n'estime que les tiens,
Chacun dedans ce village
Dit que je suis ton berger :
Mais si ta froideur m'outrage,
Ie suis tout prest de changer.

Que ces arbres toujours verds
En croissant gardent ces vers :
On verra sur leurs escorce
Que ma foy d'eust t'obliger :
Mais si ta froideur me force
Ie suis tout prest de changer.

A v

CHANSON

Ça-uez vous point la nouuelle, Ie ne suis plus amoureux, I'ay quitté là cette belle Qui me rendoit malheureux : Ha ! je ne veux plus aymer, Car l'Amour est trop amer.

POVR DANCER:

J'auois l'esprit en escharpe,
Le teint de pasles couleurs,
Aussi muët qu'vne Carpe,
Et les yeux chargez de pleurs.
  Ha ! je ne.

Tout le paué de sa ruë
Estoit vsé de mes pas,
J'allois quittant pour sa veuë
Le repos, & le repas.
  Ha ! je ne.

C'est vne folie extresme,
Trop pleine de cruauté,
Que de se haïr soy-mesme
Pour aymer vne beauté.
  Ha ! je ne.

En fin cette delicatte
En mesprisant mon tourment,
Fait que je là laisse ingratte,
Et me retire content.
  Ha ! je ne.

CHANSON

LA beauté n'est pas commune Qui me donne tant d'amour, Puis que c'est pour vne brune Que je languis nuit & jour : Ha! que je suis glorieux De mourir pour ses beaux yeux.

Auant que de l'auoir veuë
Ie viuois sans passion :
Mais la cognoissant pourueuë
De tant de perfection,
    J'engagé ma liberté
    Pour seruir cette beauté.

Voyez vn peu la surprise
De ce dieu malicieux,
Pour captiuer ma franchise
Se logea dedans ses yeux,
    Que tu m'as, cruel Amour,
    Ioué d'vn estrange tour.

Aymez moy belle brunette
Vous ny aurez point regret,
Mon amour est si parfaite,
Et mon esprit si discret,
    Que quand j'ayme vne beauté
    C'est jusqu'à l'extremité.

Tout le mal qui me possede
Ne vient que de vous cherir,
Belle, donnez y remede,
Où vous me verrez mourir.
    Toute-fois si c'est pour vous
    Le trespas me sera doux.

CHANSON

Vi prend vne belle femme
Ne doit estre sans souci, Et qui la prend laide aussi Ce fait voir digne de blasme. Les galands, & les escus Multiplient les cocus.

Aujourdhuy les plus rebelles
Ce rendent en vn moment,
Aux prieres d'vn amant
Qui feint de mourir pour elles.
    Les gallands.

Si je fuis le mariage
Qu'on me tienne pour vn veau,
I'ayme mieux que mon oyfeau
Vole par tout qu'eftre en cage.
    Les gallands.

Mon humeur vn peu volage
M'exempte de ce danger,
Ie fuis vn peu trop leger
Pour aduoüer le feruage.
    Les gallands.

CHANSON

Limpe j'ayme extrefmement
Toutes vos mignardifes: Mais pour fatisfaire vn
amant N'vfez plus de feintifes: Ie veux quelque
chofe de plus, Où vos appas font fuper- flus.

POUR DANCER.

Croyez vous que ce soit assez
Pour mon ardeur extresme,
Que mes feux soyent recompensez
Quand vous dites je t'ayme.
  Ie veux.

Que vous sert-il de m'apporter
Tant de raisons friuolles,
Ie ne sçaurois me contenter
Auecques des paroles.
  Ie veux.

Ie suis de plaisir transporté
En baisant vostre bouche :
Mais je reprens ma liberté
Si mon feu ne vous touche,
  Et sans quelque chose de plus
  Tout vos appas sont superflus.

DIXSIESME LIVRE.

CHANSON

'Autre jour il me prit enuie De baiser les yeux de Siluie : Mais elle dit arrestez vous, Ma mere à toujours l'œil sur nous. Ma mere à toujours l'œil sur nous.

POVR DANCER.

    Faut-il faire ainsi la mauuaise,   bis
Siluie lors que je te baise?
Est-ce ton compliment plus doux
Que de me dire arrestez vous?

    Contre mon gré je suis colere: bis
Mais voy-tu pas bien que ma mere
De son œil rempli de couroux
Semble nous dire arrestez vous?

    Dieux! que c'est vn cruel martire,   bis
Qu'à tous moments au lieu de dire
Ah! mon berger embrassons nous,
Il faut crier arrestez vous.

    Viens me voir quand elle est en ville,   bis
Et je te tiens pour estre habille
Si tu continuë tes coups
Tant que je dise arrestez vous.

CHANSON

Vis que la saison nous conuie
De cueillir les fruits de l'Amour, Ne perdons point de
temps Siluie, Sus cueillons les à nostre tour:
Allons d'vn visage plus gay Dedans ce bois planter le may.

Icy tout abonde en delices,
Le sejour est propre aux amants,
Et les oyseaux y sont complices
De leurs secrets contentements :
    Mais leur chant en seroit plus gay
    S'ils nous voyoyent planter le may.

Mais comment, beauté sans seconde,
Ton cœur doute-t'il de ma foy ?
Il n'est point de berger au monde
Qui soit plus fidelle que moy,
    Ny qui d'vn mouuement plus gay
    Puisse aujourdhuy planter le may.

Alors la belle fut fachée
De me voir ainsi affliger,
Au pied d'vn Chesne s'est couchée,
Et moy d'vn mouuement leger,
    Deuenu plus libre & plus gay
    Auec elle ay planté le may.

CHANSON

Pour vn baiser ne faites plus Desormais la farouche, Et sans me payer de refus Presentez moy la bouche: Philis c'est si peu qu'vn baiser, Qu'il ne vaut pas le refuser.

Vn bien qu'on donne promptement
A bien meilleure grace,
A le differer vn moment
Le moindre gouft s'en paffe.
   Philis.

Vn baiser qui fuit l'entretien
Contente l'vn & l'autre,
Ie n'y couche pas moins du mien
Que vous faites du voftre.
   Philis.

Vn amant qui met foubs vos loix
Sa paffion difcrette,
Quand il l'a demandé deux fois
Croyez moy qu'il l'achepte.
   Philis.

Puis qu'efgallement entre nous
Tel plaifir fe diuife,
Ma Philis, pour vn bien fi doux
N'vfez plus de remife:
  Puis que c'eft fi peu qu'vn baifer
  Il ne vaut pas le refufer.

      B iiij

CHANSON

Ie sçay le secret des filles, Ie suis docteur en cét art, Ie sçay l'eau qu'elle distile Pour faire d'excellent fard : Car je sçay bien comme il faut Adjuster tout leur deffaut.

Aux gorges molle & mal faites
I'y remedi' promptement,
Ie donne vn pli aux garsettes
Qui dure eternellement:
  Car je sçay.

A celles qui de nature
Ont le poil par trop ardant,
I'ay d'excellente peinture
Pour le brunir à l'instant:
  Car je sçay.

Ie sçay encor dauantage:
Car en bien moins qu'vn moment,
Ie remets vn pucelage
Perdu il y à long-temps.
  Car je sçay.

I'enseigne encore aux plus sage
Les plus beaux secrets d'Amour,
Elles font l'apprentissage
Et sont maistresse en vn jour.
  Car je sçay.

       B V

CHANSON.

Bien que je sois touché d'amour Pour la belle Climeine, Ie ne pleure ne nuit ne jour, Et ne sens point de peine, Et si je luy joüeray d'vn tour Puis qu'elle est inhumai- ne.

Ses yeux m'ont si fort enchanté,
Qu'hier tout d'vne haleine
Ie bus six coups à sa santé,
Dont j'eus la pance pleine :
Mais je quitteray sa beauté
Puis qu'elle est inhumaine.

Ie ne puis garder longuement
Vn esperance vaine,
Et me croiray parfait amant
Si je fais ma neufuaine :
Puis je suiuray le changement,
Elle est trop inhumaine.

Aduisez donc à vostre fait,
Adorable Climeine,
Baisez vn amant si parfait,
Il en vaut bien la peine :
Où vous le perdrez tout à fait
Si vous este inhumaine.

CHANSON

A beauté que je cheris Est v-
nique au monde, D'vn autre objét je me ris: Car nul
ne seconde Siluie, mon cher amour, Aussi
belle que le jour.

Il est vray que dans les Cieux
Rien ne la surpasse,
Sa voix, son luth, & ses yeux,
Les traits de sa face
    Ont des charmes si puissants
    Qu'ils rauissent tout mes sens.

Ie n'ay point de passion
Que pour cette belle,
D'vne extresme affection
Ie brusle pour elle,
    Et l'on ne me peut rauir
    L'heur que j'ay de la seruir.

Elle tient ma liberté
Soubs ses loix captiue,
Le Ciel pour cette beauté
Veut bien que je viue,
    Et publier en tous lieux
    Que ses yeux ce sont mes dieux.

CHANSON

Vn jour dançant à la Lune
Ie me trouuay par hazard Tenant la main d'vne
brune, Ie veis son œil si mignard, Que je vous jure en verité Qu'elle à rauy ma liberté.

POVR DANCER.

Ie luy dis bas à l'oreille
Si elle vouloit aymer,
Soudain sa léure vermeille
Commença a se changer.
    Et je vous jure.

Ie vous trouue la plus belle
Qui soit en toute la Cour,
Attendez, se me dit-elle,
A vous railler qu'il soit jour.
    Et je vous jure

Cette responce naïfue
Pleut si fort a mon humeur,
Qu'il ne faut point que je viue
Que je n'engage mon cœur.
    Car je vous jure.

CHANSON

Vi void la belle Vranie,
Faut qu'il luy donne son cœur, Cette adorable vainqueur Rauit & donne la vie: Le doux charme de ses yeux Peut mesme blesser les dieux.

POVR DANCER.

On ayme, on cherit Caliste,
C'est vn objét sans pareil,
Tout brusle à ce beau soleil,
On ne void rien qui resiste :
　Combien peut elle guarir
　D'amants qu'elle fait mourir ?

Siluie à toutes les ames
Montre son diuin pouuoir,
Ne l'aymer pas & la voir,
C'est estre insensible aux flames :
　On ne void point sa beauté
　Sans perdre sa liberté.

Les Graces suiuent Charite
Auecques tous leurs appas,
Ses yeux donnent le trespas,
On adore son merite,
　Et c'est dans ce beau sejour
　Où veut triompher Amour.

DIXIESME LIVRE.

CHANSON

Edans ce prochain boccage
J'ouis Titſis l'autre jour Parler à Philis d'amour,
Et luy tenir ce langage: Ie ne puis plus diffe-
rer Ce que tu me fais eſperer.

A quoy bon ta resistance,
Tu meurs aussi de desir :
Vois-tu qu'a nostre plaisir
Tout consent jusqu'au silence ?
 Ie ne puis.

Si tu crois estre eschappée
D'entre les mains d'vn amant
Pour vn baiser seulement,
Ma foy tu es bien trompée.
 Ie ne puis.

Philis deuenant farouche
Ne vouloit point s'appaiser :
Mais à force de baiser
Tirsis luy ferma la bouche,
 Et prit sans plus differer
 Tout ce qu'il pouuoit esperer.

C ij

CHANSON

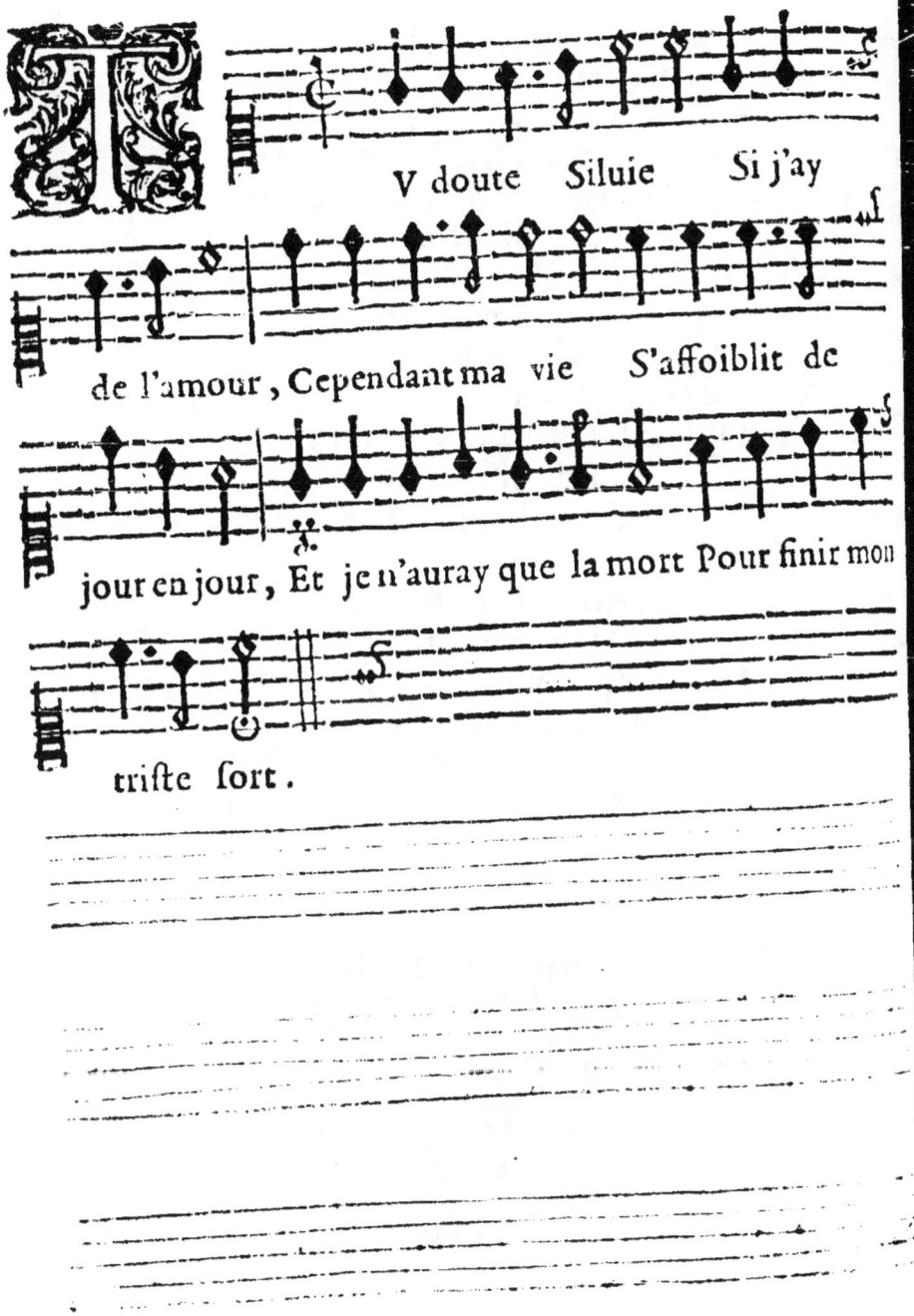

Tu doute Siluie Si j'ay de l'amour, Cependant ma vie S'affoiblit de jour en jour, Et je n'auray que la mort Pour finir mon triste sort.

Nuit & jour je brusle
D'vn feu violent,
Si je diffimule
Ne croy pas qu'il foit plus lent :
 Ce feu comme ta beauté
 Ne peut eftre limité.

Tu fçays que mon ame
T'auoit fait ferment
De taire la flame
Qui fait naiftre mon tourment,
 Et que la difcretion
 Couuriroit ma paffion.

C'eft trop me contraindre
Puis qu'il faut mourir,
Ie ceffe de craindre
Perdant l'efpoir de guarir :
 Mais croy voyant mes douleurs,
 Que c'eft pour toy que je meurs.

CHANSON

A Lidor ne soupire plus, Cheris ton Amarante, Laisse ces regrets superflus A quelque ame mourante: Iouïssons des contentements Que l'Amour ordonne aux amants.

La crainte n'a plus le pouuoir
Qu'elle auoit sur nos ames,
Et ce qu'on appelle deuoir
Ne trouble plus nos flames.
  Iouïssons.

Viuons satisfaits & contents
Soubs l'amoureuse empire,
Exempts des injures du temps
Puissions nous toujours dire
  Iouïssons.

Puis que l'effet de nos desirs
A surpassé l'enuie,
Goustons à longs traits les plaisirs
Ou l'aage nous conuie.
  Iouïssons.

CHANSON

Es estuis que l'on achepte
Qui ne se fer- ment pas bien, S'ouurēt dedans la po-
chette, Et ne valent jamais rien : Si vous suiuez
mon aduis Prenez des estuis à vis.

Quand je suis aupres des filles
Ie leur jure, & leurs promets
De leurs donner des esguilles
Qui ne s'esmoussent jamais,
 Et pour suiure mon aduis
 Ie prends leurs estuis à vis.

 Et si quelque delicatte
A tort me va refusant,
Ie la baise, je la flatte
Auec vn autre present,
 Et puis suiuant mon aduis
 Ie prends son estuy à vis.

C v

CHANSON

Es couleurs qui peuuent plaire,

C'est le verd que j'ayme mieux, C'est le verd qu'ayme les

dieux Puis qu'ils en ont peint la Terre : Car s'ils n'ay-

moyēt pas le verd Tout n'en se- roit pas couuert.

POVR DANCER:

    Les feuilles sont de la gloire
Le plus superbe ornement,
Que l'on donne seulement
Pour marque de la victoire :
Puis que le vainqueur se sert
D'vne couronne de verd.

    Daphné n'ayez plus de crainte
Que le Ciel entre en courroux,
De la rigueur de ses coups
Tu ne sçaurois estre atteinte,
A cause de ce beau verd
Dont tout ton corps est couuert.

    Beau verd je ne sçaurois dire
Ny ta valeur, ny ton pris :
Mais je tiens à grand mespris
Tant de couleurs qu'on admire,
Et parlant à cœur ouuert
Je n'estime que le verd.

CHANSON

Puis que ta rigueur s'augméte Lors que tu me fais souffrir, Que du mal qui me tourmente Tu ne me veux point guarir : Ha! je meurs belle Charite, La patience me quitte, C'en est fait je vays mourir.

Qu'on s'oppose à mon enuie,
Qu'on trauerse mes desirs,
Ie ne puis aymer la vie
Apres tant de vains soupirs:
Dans l'ardeur qui me possede,
La mort est le vray remede
Qu'il faut à mes desplaisirs.

Adieu donc, belle insensible,
Cher objét de mes langueurs,
Par vne marque visible
Ie vays finir mes douleurs:
Pour obeir à ta hayne,
Et mettre fin à ma peine
Ie n'en puis plus, je me meurs.

CHANSON

L'On m'a dit que ma Siluie Fait l'amour à tous venants, S'il est vray je me repents De l'auoir si bien seruie : Puis qu'elle est de cette humeur, Elle n'aura plus mon cœur.

POVR DANCER.

Elle est vn peu glorieuse,
Et superbe en ses habits,
Et ce qui en est le pis
Elle est trop seditieuse.
    Puis qu'elle est.

Ie ne puis que je n'aduouë
Combien j'eus d'estonnement,
Quand le baiser d'vn amant
Me parut dessus sa jouë.
    Puis qu'elle est.

Sa Couche trop esbranlée
Montroit son crime à demy :
Car pour n'auoir que dormy
La place estoit trop foulée.
    Puis qu'elle est.

Ie le sçay de plus de mile
Qui sont encores viuant,
Qu'elle à presté son deuant
Presqu'à toute vne famille.
    Puis qu'elle est.

CHANSON

JE suis le plus content des hommes Depuis que je suis amoureux, Et dedans le siecle où nous sommes Ie n'en voy point de pl9 heureux: J'adore vne jeune beauté Sans pareille en fi- delli- té.

POVR DANCER.

    Elle m'ayme autant que je l'ayme,
Amour de nos cœurs n'en font qu'vn :
Quand je suis triste elle est de mesme,
Et nostre plaisir est commun :
      N'est-ce pas donc vn beauté
      Sans pareille en fidellité ?

    On n'entend point plaindre nos ames,
Nous ne jettons aucuns soupirs,
Et dans la douceur de nos flames
Nos volontez font nos plaisirs :
      N'est-ce pas.

    Ma bouche se colle à sa bouche,
Ie me pasme dessus son sein
Sans qu'elle fasse la farouche,
Où desaprouue mon dessein.
      N'est-ce pas.

DIXIESME LIVRE.   D

CHANSON

Ne brune à mõ cœur, Son œil cause ma flame, Le mien est son vainqueur, Ie possede son ame: Parmy des biens si doux Quelz tourments aurions nous?

Quand nous sommes tout deux,
Nous taschons à mieux peindre
La grandeur de nos feux,
Sans jamais nous en plaindre.
    Parmy.

Si je lasche vn soupir
Comme on en pousse d'ayse,
Expliquant mon desir,
Cent fois elle me baise.
    Parmy.

Pour croistre nos esbats
Par fois je la mesprise:
Mais luy tendant les bras
Ils ont bien tost leur prise.
    Parmy.

Chacun sçayt tour à tour
Augmenter nos delices,
Et jamais nostre amour
N'esprouua de supplices
    Parmy.

CHANSON

Isis à quoy songeons nous,
Lisis à quoy songeons nous, Quand nous faisons
les yeux doux A ces jeunes Coquettes: Le Ciel
ne void qu'é courroux Celuy qui les ca- quettes.

POVR DANCER.

    Qu'vn honneste homme à de maux   bis
Aupres de ces animaux
Au cœur fantasque & traitre,
Qui cheriront des cheuaux
S'ils ont l'art de paroistre.

    Vn bon esprit tous les jours   bis
Y perdra tous ses discours
En plaignant son martyre :
Mais vn sot aura secours
Bien souuent sans rien dire.

    Elles chassent sans regret   bis
Vn amant humble & secret,
Et n'en font point de conte,
Cherissant vn indiscret
Qui debite leur honte.

    Cher Lisis si tu m'entends   bis
Nos esprits seront contents,
Esloigné de ces sottes,
Ceux qui perdent là leurs temps
Meritent des marottes.

CHANSON

Ve mon amour est contrainte,
Qu'elle souffre de rigueurs! Ie suis toujours dans la crainte Au milieu de mes langueurs, Et je n'ose decla- rer Ce qui me fait soupirer!

Tout est contraire à ma flame,
Je n'esprouue rien de doux,
Quand je visite madame,
Vne trouppe de jaloux
    M'empesche de.

Si pressé de mon martire
Je l'aborde quelquefois,
Ma langue ne peut rien dire,
Le respect m'oste la voix.
    Et je n'ose.

Dans la douleur qui m'astriste
Ce m'est vn plus grand tourment,
Que les beautez de Caliste
Veulent vn secret amant.
    Et je n'ose.

Si bien tost l'Amour ne m'ayde,
Et ne me vient secourir,
Je ne voy point de remede
Au mal qui me fait mourir.
    Et je n'ose.

CHANSON

L'Autre jour vn villageois Tiraillant vne fillette, Luy disoit en son patois Puis que je te tiens seulette, Tu ne m'eschaperas pas Que tu ne passe le pas.

POVR DANCER:

Ie suis souls de te prier,
Ie ne sçaurois plus attendre :
Margot que sert de crier
Puis qu'on ne peut te defendre.
    Tu ne.

A quoy bon tous ces efforts,
Tu me gronde, & me rechigne,
Tu me pince, tu me mords,
Tu me frappe, & m'esgratigne.
    Tu ne.

Non, je n'ay point de pitié,
Le feu à pris à l'amorce,
Et si ce n'est d'amitié,
Ma foy ce sera de force.
    Tu ne.

Tu te lasse maintenant,
Et ne sçaurois te defendre :
Pourquoy du commencement
Ne te voulois tu pas rendre ?
    Et bien ne sçauois-je pas
    Que tu passerois le pas ?

                      D V

CHANSON

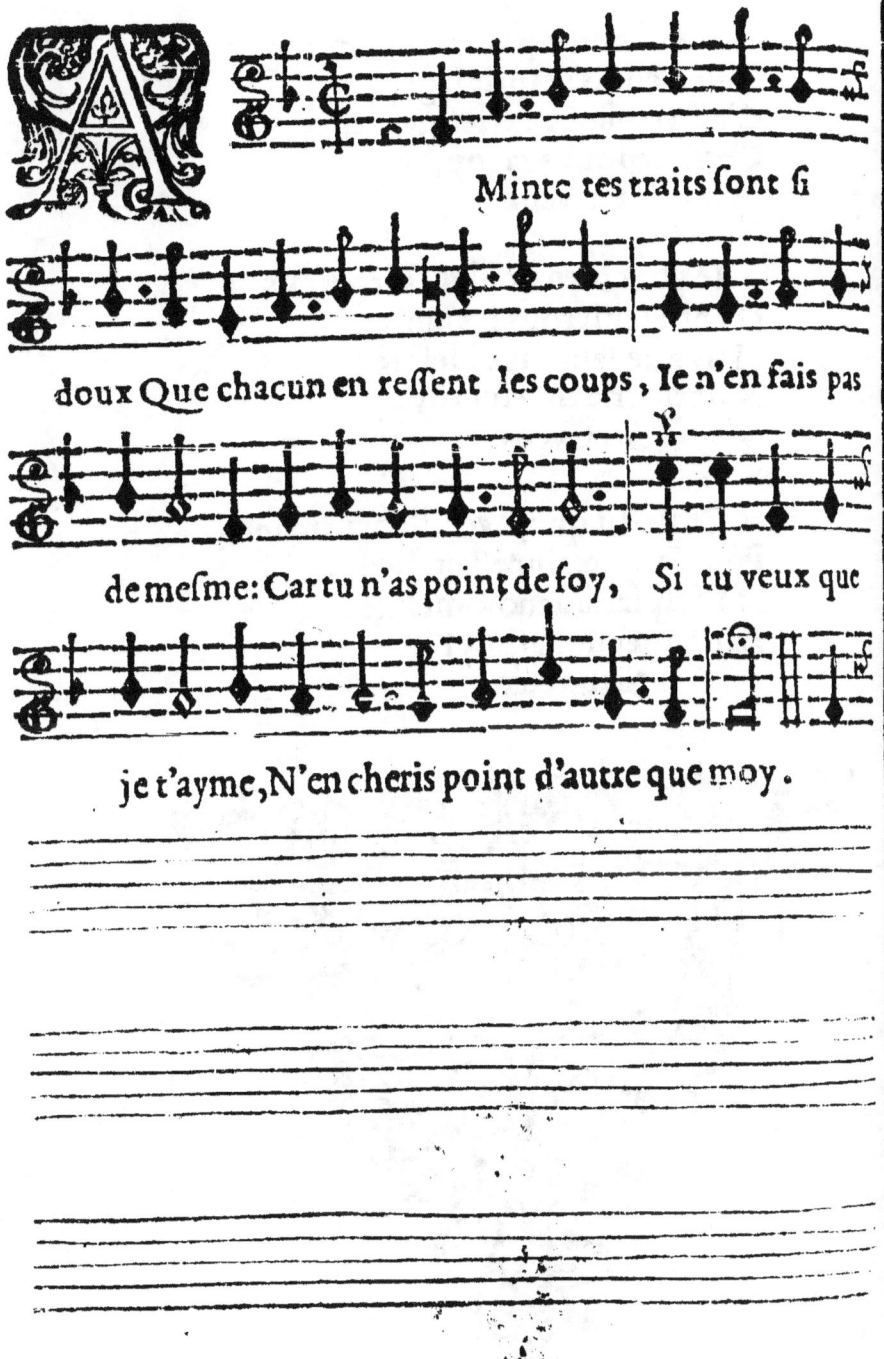

Aminte tes traits sont si doux Que chacun en ressent les coups, Ie n'en fais pas de mesme: Car tu n'as point de foy, Si tu veux que je t'ayme, N'en cheris point d'autre que moy.

POVR DANCER.

Tes charmes pourroyent m'engager
Si tu n'auois l'esprit leger,
C'est vn plaisir extresme
De viure soubs ta loy.
    Si tu veux.

Ie veux bien qu'il te soit permis
D'entretenir tous tes amis :
Mais que leur face blesme
N'obtienne rien sur toy.
    Si tu veux.

Crois-tu que je veuille vn amant
Pour soupirer incessamment,
Me desplaire à moy-mesme,
Et donner de l'effroy ?
    Si tu veux.

CHANSON

Je soupire nuit & jour, Je soupire nuit & jour, Et mourray bien-tost d'amour Si ma Philis est cruelle, Si ma Philis est cruelle Autant qu'elle est belle.

POVR DANCER.

Mais quand'mesme ses rigueurs   bis
Feroyent mourir mile cœurs,
La trouueroit on cruelle   bis
Autant qu'elle est belle?

C'est vn chef d'œuure des Cieux   bis
Que son visage & ses yeux,
Et mon aduanture est belle   bis
Si je meurs pour elle.

I'ayme & je crains ses attraits,   bis
Chacun en ressent les traits,
Et la blessure en est telle   bis
Qu'elle en est mortelle.

DIALOGVE

Bergere en vn lieu si sombre
Quel estoit ton entretien? L'espoir de gouster à l'ombre Les plus doux charmes du tien.

POVR DANCER.

Si tu me dis vray Siluie,
Que j'ay de contentements !
Que le Ciel m'oste la vie
Pour me punir si je ments.

Donne a mon ardeur extresme
Quelque baiser amoureux.
Pour te montrer que je t'ayme
Ie veux tout ce que tu veux.

Arreste vn peu, car ma flame
Croist au lieu de s'appaiser.
Non feray : car je rends l'ame
Si je cesse de baiser.

Ie meurs si plus tu me baise
Dans l'excez de ce plaisir.
Il te vaut mieux mourir d'ayse
Que je meure de desir.

CHANSON

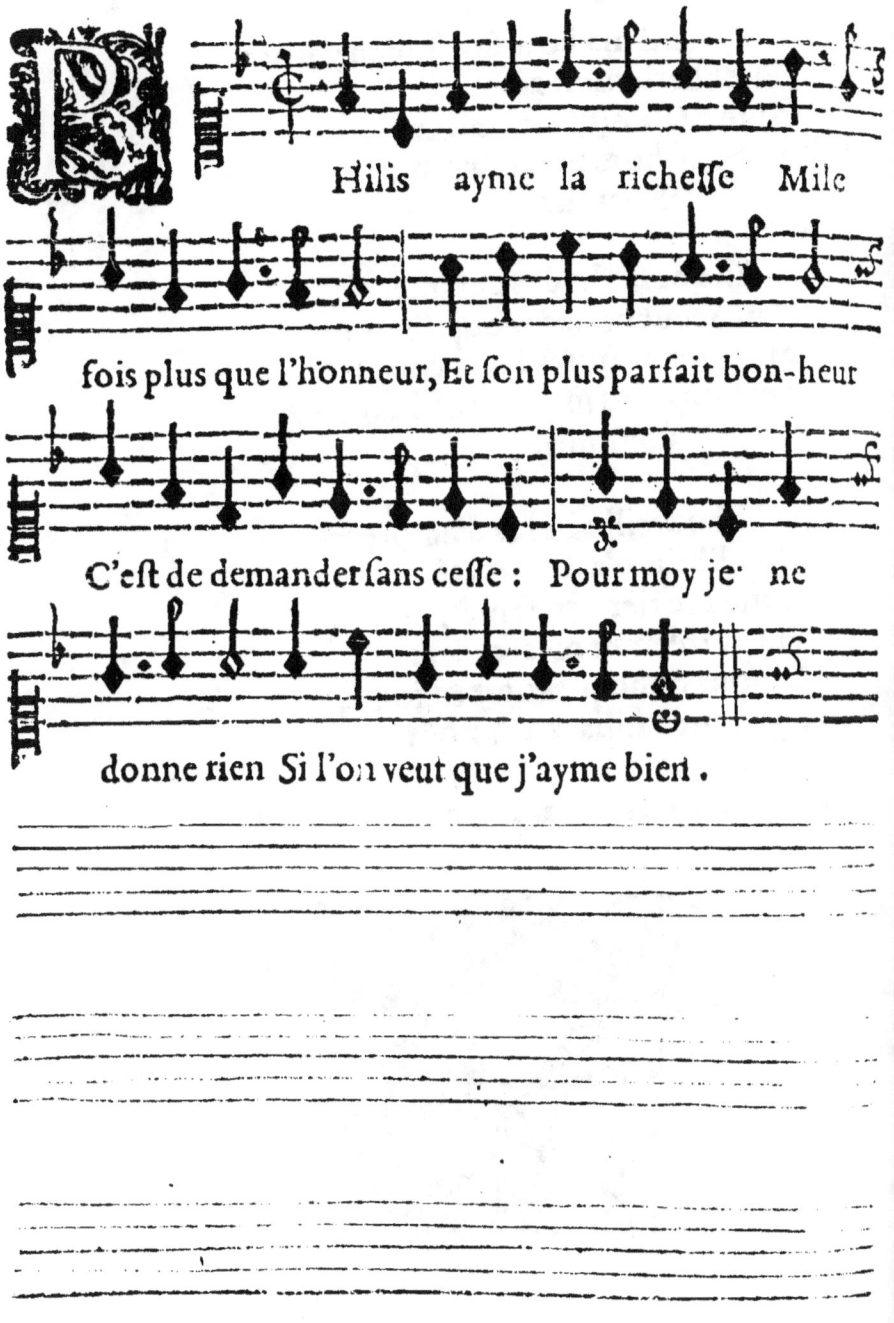

Philis ayme la richesse Mile fois plus que l'honneur, Et son plus parfait bon-heur C'est de demander sans cesse : Pour moy je ne donne rien Si l'on veut que j'ayme bien.

POUR BOIRE.

Quand ma bourse est bien garnie
Elle cherit mon retour,
Sinon elle est sans amour,
Sa belle humeur est bannie :
Pour moy.

Elle possede des charmes
Qui peuuent beaucoup sur nous:
Mais pour esuiter leurs coups
Les bons vins me seruent d'armes.
Pour moy.

La bouteille a plus d'amorces
Que Philis n'a de beauté,
L'vne me tient en santé,
Et l'autre rauit mes forces :
Buuons doncques nuit & jour,
Quittant Philis & l'Amour,

DIXIESME LIVRE.

DE ROSIERS. CHANSON

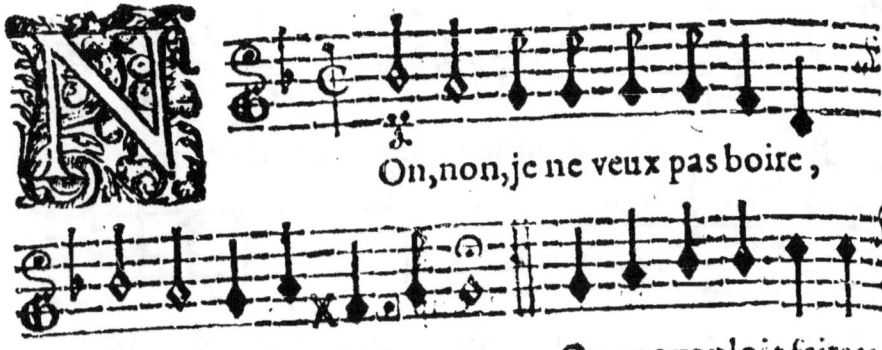

On, non, je ne veux pas boire,

Non, non, je ne boiray pas. On me vouloit faire ac-

croire Que le Citre estoit mon cas : Mais je leurs dis

ma foy voire, Chut vous ne me tenez pas.

Demandez au grand Gregoire,
Ou bien au gros Nicolas :
Le Citre donne la foire,
Sage qui n'en boira pas.
Non, non.

Ie veux suiure le memoire
Du pere des eschallas,
Il nous commande de boire
Du vin à tous les repas.
Non, non.

POVR BOIRE.

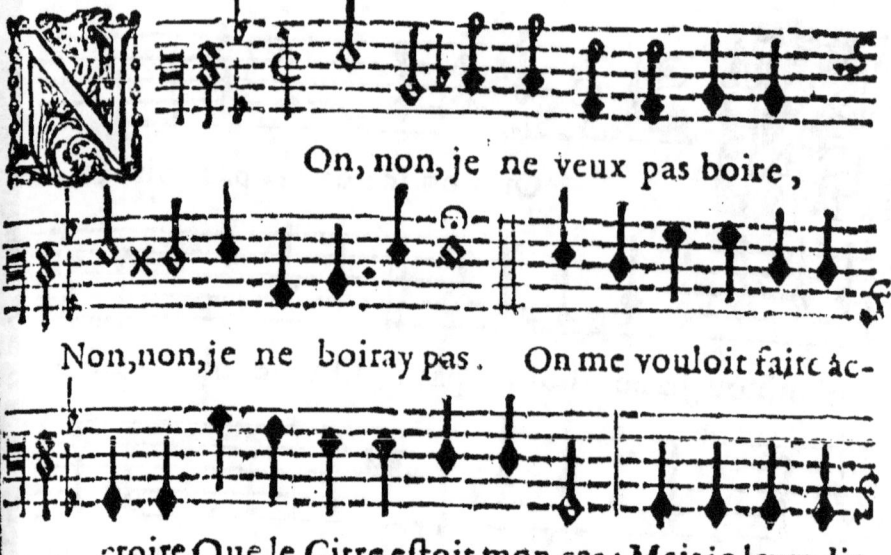

On, non, je ne veux pas boire,
Non, non, je ne boiray pas. On me vouloit faire ac-
croire Que le Citre estoit mon cas : Mais je leurs dis
ma foy voire, Chut vous ne me tenez pas.

  Le Citre est ambulatoire,
  Il remuë & haut & bas :
  Pour en gouster j'eus la gloire
  De chier dedans mes draps.
    Non, non.

  Il me souuient du grimoire
  Au chapitre des esbats.
  Il dit vn mot bien notoire,
  Le Citre c'est pour les fats.
    Non, non.

DE ROSIERS. CHANSON

Du vin, du vin, las mõ Dieu! Faut-il mourir en ce lieu? I'ay trouuày dedans la ruë vn homme en mauuais estat, Il crioit, couché tout plat, Faisant vn grand col de gruë.

Ce son frappant mon oreille,
Ie cours pour le secourir,
Il crioit faut-il perir?
Donnez moy à la pareille
Du vin.

Ca, ça, je viens à ton ayde
Pour te sauuer du trespas,
Regarde ne veux-tu pas
Aualler de ce remede?
Du vin.

POVR BOIRE.   35

Du vin, du vin, las mon Dieu! Faut-il mou-rir en ce lieu? I'ay trouuay dedans la ruë Vn hôme en mauuais estat, Il crioit, couché tout plat, Faisant vn grād col de gruë.

   Depesche tu vas descendre
   Si tu ne boy promptement,
   Tiens pour ton soulagement
   Voicy ce qu'il te faut prendre.
    Du vin,

E iij

DE ROSIERS. CHANSON

S'il est bon, bon, bon, bon, bon,

le vin de Bourgongne: Il est bon, bon, bon, bon, bon,

pour peindre la trongne: Ça, ça, ça, qui me fait rai-

son C'est au maistre de la maison.

    Veux tu pas   auoir de la gloire?
Est-tu las,   est-tu las de boire?
        Ça ça.

    Donne soing   que l'on te seconde,
Comme moy   faut boire à la ronde.
        Ça ça.

    Il n'est rien   de plus delectable
Que de voir   les amis à table
        Ça, ça.

POVR BOIRE.

V'il est bon, bon, bon, bon, bon,
le vin de Bourgongne : Il est bon, bon, bon, bõ, bon,
pour peindre la trongne : Ça, ça, ça, qui me fait raison C'est au maistre de la maison.

Dans cent ans que le bon dieu veuille
En ce lieu auec la bouteille,
Que nous puissions faire raison
Tous au maistre de la maison.

E voulez vous que je vous die,
Il ne faut prendre que du vin, C'est le secret le plus certain Pour chasser la melancoli-e:
Tous nos peres faisoyent ainsi, Aussi vivoyent ils sans soucy.

Il n'est rien tel qu'vne bouteille,
C'est le delice des humains,
Quand je la tiens entre mes mains
I'ay vne joye sans pareille
    Tous.

POVR BOIRE.

Le voulez vous que je vous die,
Il ne faut prendre que du vin, C'est le secret le plus certain Pour chasser la melancolie : Tous nos peres faisoyent ainsi, Aussi viuoyent ils sans soucy.

  C'est de tout temps que l'on festine,
 Et que l'vsage des escus
 Fait sacrifier à Bacchus
 Tous les enfans de la cuisine.
  Tous.

       E V

DE ROSIERS. CHANSON

Franchement je boy, mes amis, Ie n'ayme point la tri- cherie, Et tout le vin que l'on m'a mis Est aualé sans tromperie. Beaucoup, & peu, tout ce qu'on mét Ie r'enuoye le verre nét.

Blanc & clairet ce m'est tout vn,
Ie ne suis point si difficile:
Ie n'en refuse jamais vn,
A boire je suis bien docile.
    Beaucoup.

POVR BOIRE.

Franchement je boy, mes amis, Ie n'ayme point la tricherie, Et tout le vin que l'on m'a mis Eſt aualé ſans tromperie. Beaucoup & peu, tout ce qu'ō mét Ie r'enuoye le verre nét.

Ie ne porte point mes deſirs
A vouloir gouuerner la Terre,
Tout mes ſouhaits & mes plaiſirs
Ne vont qu'à poſſeder vn verre.
    Beaucoup.

DE ROSIERS. CHANSON

E ne me resueille qu'au nõ De Clo-

ris, du pot, & du verre, Aussi je croy que mõ re-

nom S'espendra par toute la Terre : Ha ! peut on

mieux passer le jour, Qu'à boir' & à faire l'a-mour!

Quand je voy Cloris, où du vin,
Aussi-tost mon ame est rauie :
Sans ce plaisir du tout diuin
Ie n'estimerois pas la vie.
    Ha ! peut on.

Lors que je me voy vn grand pot
Deuant moy, je crie gogaille,
Puis pour la fin de mon escot
Ie veux quelque chose qui vaille.
    Ha ! peut on.

POVR BOIRE.

Ie ne me resueille qu'au nõ De Clo-
ris, du pot, & du verre, Aussi je croy que mõ renom S'espendra par toute la Terre: Ha! peut on
mieux passer le jour Qu'à boire & à faire l'a-mour.

  Ie ne pense point au soucy,
  Ny si l'auaricieux gronde :
  Viuant toujours comme cecy
  Ie suis le plus heureux du monde.
    Ha ! peut on.

DE ROSIERS. CHANSON

Voy? nous en irons nous Sans boire à ce bon homme, Qui cria sont des foux Qui plante-ront la Pomme : Ie veux par testament Qu'on plante le Serment.

    Tout aussi-tost Noé
En regardant sa mere,
Luy dit Dieu soit loué
Du dessein de mon pere :
    Ouy je veux de bon cœur
    Planter cette liqueur.

    Quand son Pere entendit
Cette loüable enuie,
En l'ambrassant, luy dit
Tu me remets en vie :
    Car mon Nom durera
    Tant que le vin sera.

POUR BOIRE. 40

Voy? nous en irons nous Sans boire à ce bon homme Qui cria sont des foux Qui planteront la Pomme: Ie veux par testament Qu'on plante le Serment.

I'aurois bien du regret,
Si la fureur de l'onde
Emportoit ce secret,
Et que ce pauure monde,
Qui viendra de nouueau
Ne but rien que de l'eau.

Amis en ce repas
Celebrons sa memoire,
Sans luy nous n'aurions pas
Le delice de boire :
Buuons donc promptement
A ce grand testament.

DE ROSIERS. CHANSON

'Est vn foux qui se gouuerne
Dedans les palais dorez, Tous ces beaux lieux asu-
rez Ne vallent pas la tauerne : Si l'vn chante,
l'autre boy, Et tasche à peindre sa trógne, Pour moy je
tiens qu'vn yurongne Est aussi content qu'vn roy.

    Si la fortune se change,
    A bas tout vostre desir,
    I'ayme bien mieux à plaisir
    Courtiser vne vendange :
    Là on gouste le repos,
    Si le soucy veut paroistre,
    Auparauant que de naistre
    On le noye dans les pots.

POVR BOIRE. 41

C'Est vn foux qui se gouuerne
Dedans les Pa-lais dorez, Tous ces beaux lieux asu-
rez Ne vallent pas la tauerne: Sil'vn chante,
l'autre boy, Et tasche à peindre sa trogne, Pour moy
je tiens qu'ũ yurongne Est aussi content qu'vn roy.

    Disons donc que la tauerne
Est le lieu plus asseuré,
Quand vn repas est doré
Il m'est aduis qu'on ne berne,
Ie veux estre en liberté,
Et lors que je tiens le verre,
Il me semble que la Terre
Despend de ma volonté.

DIXIESME LIVRE.

DE ROSIERS. CHANSON

Vi vrayment c'est bien la raison, Et qu'ē dis-tu mon cher compere ? Faut-il garder dans sa maison De ce bruuage si contraire ? Nenny, nenny, nenny ma foy, Ie ne veux point voir

d'eau chez moy.

  On me dit il en faut vn peu
  Pour secourir le voisinage
  En cas qu'il arriuast du feu,
  Aussi pour en mettre au potage.
    Nenny.
  Ie ne sçay prendre que du vin
  Lors que le dieu d'Amour m'enflame,
  Sans ce remede souuerain
  Il brusleroit bien tost mon ame.
    Nenny.

POVR BOIRE.

Vi vrayment c'est bien la raison, Et qu'é dis-tu mon cher compere? Faut-il garder dans la maison De ce bruuage si contraire? Nenny, nenny, nenny ma foy, Ie ne veux point voir d'eau chez moy.

  Quand le feu deuroit arriuer,
  Ce n'est pas ce qui me tourmente,
  Ie sçay le lieu pour me sauuer,
  La caue en est toujours exempte.
    Nenny
  Il n'est point de comparaison,
  Le vin fait faire des prieres :
  Mais on ne void point d'oraison
  Pour l'accroissement des riuieres.
    Nenny.

DE ROSIERS. CHANSON

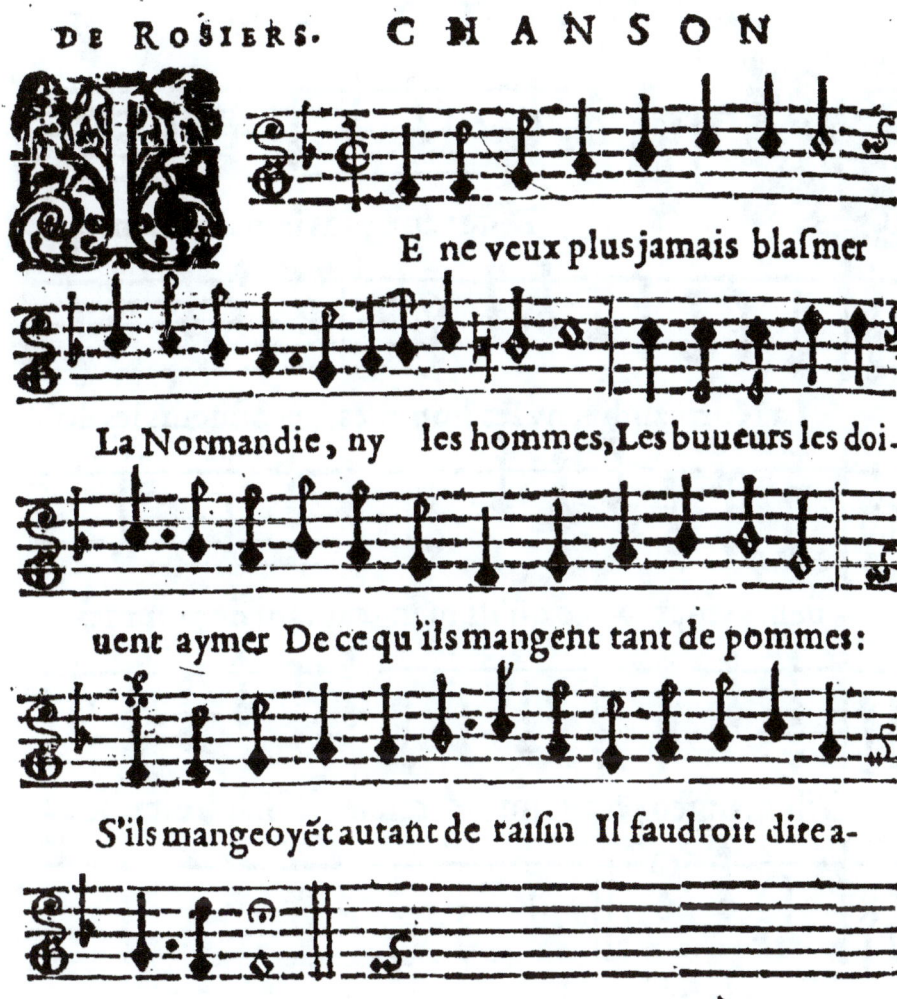

Je ne veux plus jamais blasmer
La Normandie, ny les hommes, Les buueurs les doiuent aymer De ce qu'ils mangent tant de pommes:
S'ils mangeoyēt autant de raisin Il faudroit dire adieu le vin.

    Faudroit brusler tous les Serments,
Casser la bouteille, & le verre:
Car il ne faut que deux Normants
Pour mettre vingts pommiers par terre:
    S'ils faisoyent ainsi du raisin
    Il faudroit dire adieu le vin:

POVR BOIRE. 43

E ne veux plus jamais blasmer
La Normandie, ny les hommes, Les buueurs les doiuent aymer De ce qu'ils mangent tant de pommes:
S'ils mangeoyét autant de raisin Il faudroit dire a-
dieu le vin.

    Dieu nous garde de leurs courroux,
    Et de leur Citre, & de leur Bierre:
    Afin qu'ils ne viennent chez nous
    Nous leur enuoyons la Riuiere:
      Ma foy s'ils mangoyent du raisin
      Il faudroit dire adieu le vin.

F iij

DE ROSIERS. CHANSON

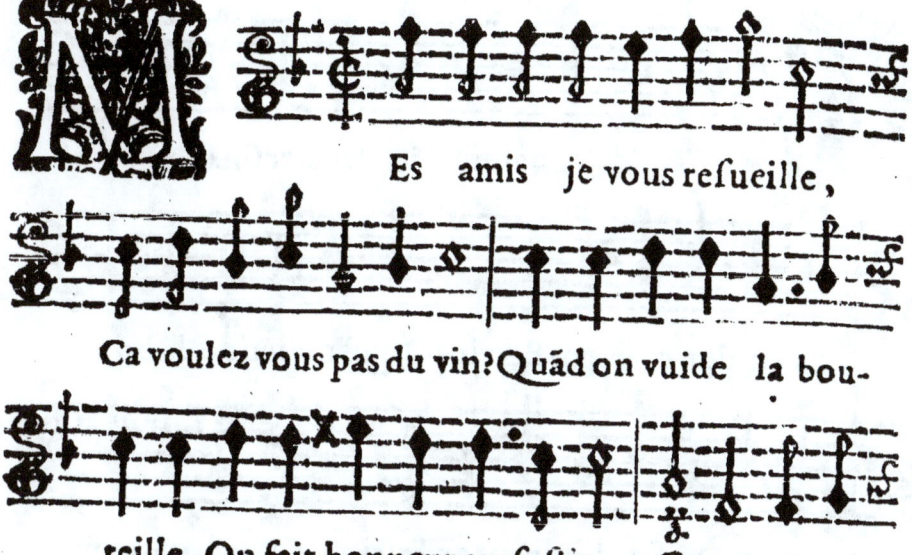

Mes amis je vous resueille, Ca voulez vous pas du vin? Quãd on vuide la bouteille On fait honneur au festin : Ca, ça garçons à la ronde, Faites boire tout le monde.

Est-il rien dessus la Terre
De si beau comme cecy ?
Aussi c'est auec le verre
Que l'on chasse le soucy.
    Ca ça.

Ceux qui vont courir sur l'onde
Ne sont-ce pas de grands sots?
Heureux qui ne void le monde
Que dans les plats, & les pots.
    Ca, ça.

POVR BOIRE. 44

Mes amis, je vous resueille, Ca voulez vous pas du vin? Quãd on vuide la bouteille On fait honneur au festin : Ca, ça, garçons à la ronde, Faites boire tout le monde.

   Allors que Noë ptit terre,
Il ne fut pas si badin
De descendre en Angleterre :
Car il n'y croist point de vin.
   Ce fut dedans la Bourgongne
   Qu'il prit le tiltre d'yurongne.

F iiij

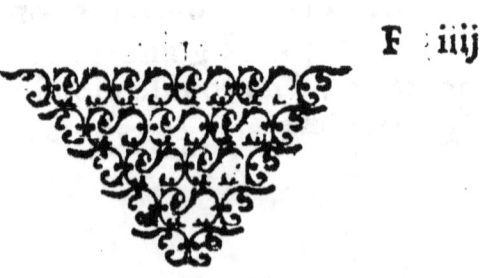

DE ROSIERS: CHANSON

'Est vn plaisir delectable, Maudit soit qui ne boira, Celuy qui rechignera Le faut chasser de la table: Buuons donc mes amis le soir & le matin, Puis que la Terre a soing de nous donner du vin.

Ca, pour faire cognoissance
Vn muid ce n'est pas grand cas,
Le maistre ne le plains pas,
Il faut boire en abondance.
  Buuons.
Quand je voy la triste mine
De ces auaricieux,
Il est grand feste chez eux
Quand ils font tirer choppine.
  Buuons.

POVR BOIRE.

C'Est vn plaisir delectable,
Maudit soit qui ne boira, Celuy qui rechignera 
Le faut chasser de la table: Buuons donc mes a-
mis le soir & le matin, Puis que la Terre à 
soing de nous donner du vin. 

J'ayme bien à voir la trongne
D'vn nez couuert de rubis,
Qui porte dans ses habits
L'original d'vn yurongne.
  Buuons.

FIN.

TABLE,
DV DIXIESME LIVRE.

A
Lidor ne soupire plus.   feuil.   20
Aminte tes traits sont si doux.   30

B
Bergere en vn lieu si sombre.   32
Bien que je sois touché d'amour.   14

C
Ce n'est pas le secret.   4
Ces estuis que l'on achepte.   21

D
Dedans ce prochain boccage.   18
Des couleurs qui peuuent plaire.   22

I
Ie sçay le secret des filles.   13
Ie suis le plus content des hommes.   25
Ie soupire nuit & jour.   31

L
La beauté n'est pas commune.   7
La beauté que je cheris.   15
L'autre jour il me prit enuie.   10
L'autre jour vn villageois.   29
Les dieux depuis quelques jours.   2
Lisis à quoy songeons nous.   27
L'on m'a dit que ma Siluie.   24

O
Olimpe j'ayme extremement.   9
Ouy j'adore tes appas.   5

P
Pour vn baiser ne faites plus.   12
Puis que la saison nous conuie.   11
Puis que ta rigueur s'augmente.   23

TABLE.

Q
Que ma mere est paresseuse. 3
Que mon amour est contrainte. 28
Qui prend vne belle femme. 8
Qui void la belle Vranie. 17

S
Sçauez vous point la nouuelle. 6

T
Tu doute Siluie. 19

V
Vn jour dançant à la Lune. 16
Vne brune à mon cœur. 26

CHANSONS A BOIRE.

C'est vn foux qui se gouuerne. 41
C'est vn plaisir delectable. 45
Du vin, du vin, las mon Dieu ! 35
Franchement je boy. 38
Ie ne me resueille. 39
Ie ne veux plus jamais blasmer. 43
Le voulez vous que je vous die. 37
Mes amis je vous resueille. 44
Non, non, je ne veux pas boire. 34
Ouy vrayment, c'est bien la raison. 42
Philis ayme la richesse. 33
Qu'il est bon, bon, bon. 36
Quoy ? nous en irons nous. 40

FIN.

EXTRAIT DV PRIVILEGE.

AR LETTRES PATENTES DV ROY données à sainct Germain en Laye le vingt-neufiesme jour de Nouembre, l'An de grace Mil six cens trente-trois, & de nostre reigne le vingt-quatriesme. Signées, LOVYS, & plus bas, PAR LE ROY. DE LOMENIE. Seellées du grand sceau en cire jaune sur simple queuë, confirmatiues à d'autres precedentes. Verifiées au Parlement le seisiesme jour de Ianuier, mil six cens trentequatre. Par lesquelles il est permis à Pierre Ballard, seul Imprimeur de la Musique de sa Majesté, d'imprimer, faire imprimer, vendre & distribuer toute sorte de Musique tant voccale, qu'instrumentale, de tous Autheurs : nonobstant toutes autres Lettres à ce contraires. Faisans defenses à toutes autres personnes de quelque condition & qualité qu'ils soyent, d'entreprendre laditte impression de Musique, n'y en extraire aucune partie en quelque sorte ou maniere que ce soit, ny mesmes contrefaire les Nottes, Caracteres, Lettres Grises : ny autres choses inuentées par ledit Ballard qui seruent audit exercice.

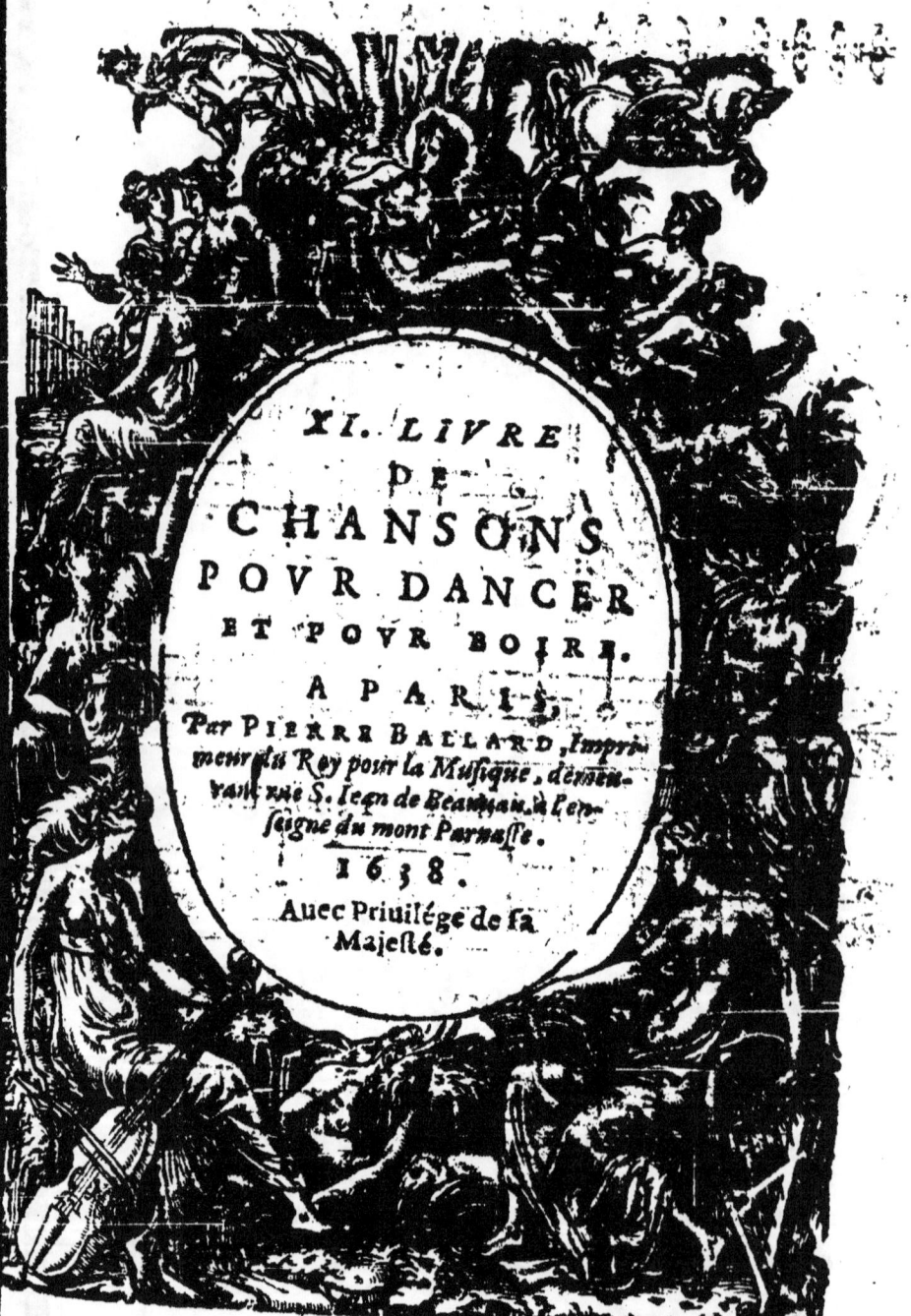

XI. LIVRE
DE
CHANSONS
POVR DANCER
ET POVR BOIRE.
A PARIS,
Par PIERRE BALLARD, Imprimeur du Roy pour la Musique, demeurant ruë S. Iean de Beauuais, à l'enseigne du mont Parnasse.
1638.
Auec Priuilége de sa Majesté.

CHANSON
POVR DANCER.

Ve j'ayme le souuenir

De cét aymable langage,

Qu'vn berger plein de desir   Tenoit dedans ce boc-

cage, Marchandant vn pucelage   Qu'il ne

paya qu'en plaisir.

CHANSON

Pendant qu'auons le loisir
Dans le frais de cét ombrage,
Philis, tu ne peux choisir
Vn lieu plus à l'auantage.
    Donne moy ton pucelage
    Que je le paye en plaisir.

Tu le laisseras moysir
Si tu fais toujours la sage,
Puis mourras de desplaisir
Quand tu auras passé l'aage
    De donner ce pucelage
    Que l'on perd auec plaisir.

En fin pressé du desir
Qui eschauffe son courage,
Au corps il l'a veint saisir,
Et la couchant sur l'herbage
    Il luy prit ce pucelage
    Qu'il ne paya qu'en plaisir.

CHANSON

M Aman vous n'estiez pas sage
D'offrir tant de beaux escus A ces apprentis cocus, Pour prendre mon pucelage : Vous auois-je
pas bien dit Qu'on le prendroit à credit?

POVR DANCER.

Quand leur mine rechignée
Venoit pour me demander,
Les voyant tant marchander
J'en estois toute indignée,
 Et jurois quoy qu'on en dit
 De le donner à credit.

Quelque jours auant ces Pasques,
Le cœur tout gros de douleurs,
Et les yeux chargez de pleurs
J'en fis ma plainte au gros Iacques,
 A l'heure mesme il me dit
 Qu'il le prendroit à credit.

Moy qui lors ne fus point fole
J'allay d'vn pas diligent
Pour espargner vostre argent
Voir s'il tiendroit sa parole :
 Il fit ce qu'il auoit dit:
 Car il le prit à credit.

Maman soyez satisfaite :
Car c'est autant d'espargné,
Voyla vostre argent gagné :
Puis que la besongne est faite,
 Et comme je vous ay dit
 On m'en deliure à credit.

CHANSON

A Dieu, Philis, je vous jure Que vous ne me tenez plus, Vous aymer c'est vn abus, Trop de tourméts on endure : Seruant ma chere Daphnis l'ay des plai-sirs infinis.

POVR DANCER.

Ses loix ne sont point seueres,
Elle ayme parfaictement:
Lors que j'estois vostre amant
I'estois comblé de miseres:
    Mais en seruant ma Daphnis
    I'ay des plaisirs infinis.

Vos rigueurs trop inhumaines
Auoyent conjuré ma mort,
Quand j'esuitay son abord
Lors qu'Amour, las de mes peines,
    Me fit prendre auec Daphnis
    Tous les plaisirs infinis.

Vos charmes dont les atteintes.
Vn si long-temps m'ont blessé,
Sont des traits du temps passé
Dont mon cœur brise les pointes,
    Puis qu'en seruant ma Daphnis
    I'ay des plaisirs infinis.

La reine qui me possede
Est plus belle que le jour,
Si je suis blessé d'amour
Aussi-tost j'ay le remede:
    En fin seruant ma Daphnis
    I'ay des plaisirs infinis.

A iiij

CHANSON

Qu'Amour à de traits rigoureux, Qu'Amour à de traits rigoureux, De me rendre ainsi amoureux D'vne ingratte Siluie. Ha! je croy que les dieux sont contraire à ma vi-e.

POVR DANCER,

Ie me represente en tous lieux   bis
Le charme & l'aymant de ses yeux
Pour soulager ma peine:
Mais je croy que les Dieux l'ont fait naistre inhumaine.

Son absence me fait souffrir,   bis
Sa rigueur me fera mourir,
C'est chose bien certaine,
Si le Ciel ne la rend plus sensible à ma peine.

Que le destin m'est rigoureux!   bis
Et je croy mesme que les Dieux
Me porteroyent enuie
Si j'auois le bon-heur d'estre aymé de Siluie.

CHANSON

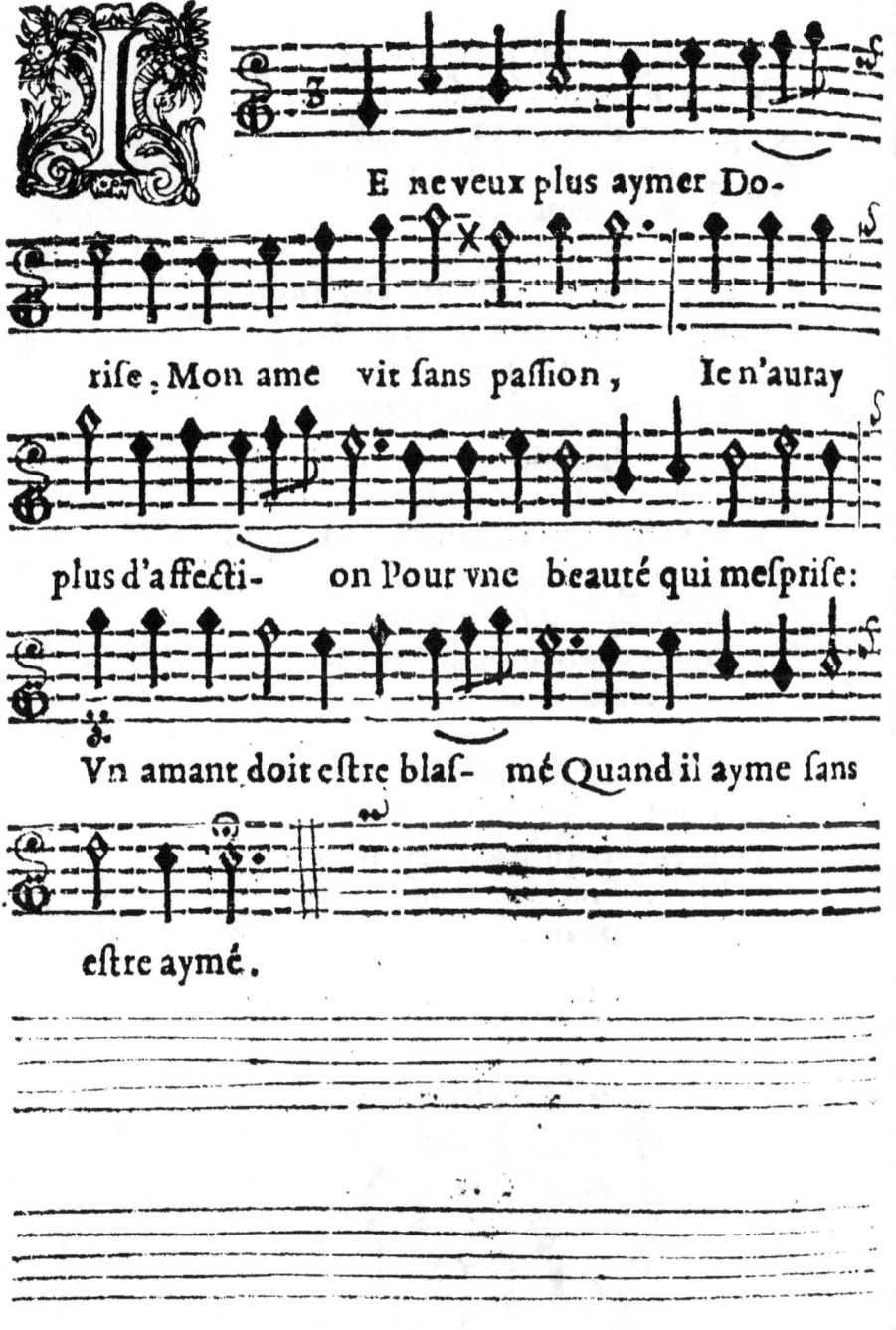

E ne veux plus aymer Dorise, Mon ame vit sans passion, Ie n'auray plus d'affection Pour vne beauté qui mesprise: Vn amant doit estre blasmé Quand il ayme sans estre aymé.

POVR DANCER.

    La volage à qui la constance
N'a jamais trauersé le sein,
N'a point eu pour moy de dessein
Que de tromper mon innocence.
        Vn amant.

    Cette ingratte croit que sa gloire
Ne despend que du changement,
Et son esprit sans jugement
N'est pas content d'vne victoire.
        Vn amant.

    Mes vœux, mes serments, mes seruices
N'ont rien gagné sur ses esprits,
Ie n'en ay eu que des mespris
Qui m'ont causé mile supplices.
        Vn amant.

    Si mon amour fut sans exemple,
Mon mal fut sans comparaison :
Mon cœur en quittant sa prison
A la liberté dresse vn temple.
        Vn amant.

CHANSON

Arice à des traits si puis-sants, Sa grace est si parfaite, Que quãd elle rauit mes sens Ie cheris ma deffaite. Amour, adorable vainqueur, Que tu sçeus bien placer mon cœur! cœur! A-

POVR DANCER. 7

Son teint, sa taille, sa beauté,
Et sa voix si charmante,
Font que perdant la liberté
Incessamment je chante
    Amour.

Depuis que je suis amoureux
Iamais je ne soupire,
Et benissant ce jour heureux
Ie ne puis assez dire,
    Amour.

La belle reçoit mon amour
D'vn accueil fauorable,
M'asseurant d'estre quelque jour
A mon mal secourable.
    Amour.

Ie veux en cét heureux moment,
Si mon ame s'enuole,
Dire plein de contentement,
Pour derniere parole,
    Amour.

CHANSON

Vr le point de mourir Ie n'ay plus rien à craindre, En fin je puis sans feindre De mõ mal discourir? Cruel qui m'entends plaindre Vien-t'en me secourir!

C'est toy, bel Arimant,
Où mon amour aspire :
Sans cesse je soupire,
Et me meurs en aymant.
Tandis que je respire
Voy quel est mon tourment ?

Puis que mes yeux en pleurs,
Et mes soupirs de flame,
Ne sçauroyent à ton ame
Faire voir mes douleurs,
Ma voix qui te reclame
Te dira mes malheurs.

En ce dernier moment,
Le mal qui me surmonte
Est maistre de ma honte,
Et veut absolument,
Qu'au-moins je te le conte
Pour mon soulagement !

Tu ne peux t'excuser,
Ame ingratte, & farouche,
Faits que l'amour te touche,
Viens ma plainte appaiser,
En me fermant la bouche
D'vn amoureux baiser.

CHANSON

'Ay promis à ma maistresse
De ne passer pas vn jour Sans luy faire voir l'adresse
Que me donne son amour, Et que vous seriez contents D'imiter nos passe-temps.

Nous nous baisons à nostre ayse,
Et de mile nouueautez
Nous moderons nostre braise,
Sans crainte des cruautez
    D'vne vieille qui en tout temps
    Veut troubler nos passe-temps.

Viuez, je vous en conjure,
Dans les mesmes priuautez,
Pendant que ce beau temps dure
Iouïssez de vos beautez;
    Et pour estre tous contents
    Imitez nos passe-temps.

CHANSON

E n'en ay pas le pouuoir, Margot tu me preds pour duppe, Que crois-tu me faire voir Quand j'auray leué ta juppe? Non, je ne m'y frote pas: Car le haut defend le bas.

Quand je voy ton nez camard,
Et foubs ta bouche mal faite
Vn menton de jacquemard,
Ie mesdite ma retraite.
            Non.

Que tu me romps le cerueau
Pour regarder sous ton linge,
Vn corps ne fut jamais beau
Dessous la teste d'vn Singe.
            Non.

Tu cherche, je le sçay bien,
Vn chausse-pied de mesnage:
Mais tu n'auras pas le mien,
Trouue ailleurs ton aduantage.
            Non.

Si quelque-fois au dehors
La belle humeur me domine,
Tout me rentre dans le corps
Quand je voy ta laide mine.
            Non.

CHANSON

Lors que je voy Siluie, Je suis tout
remply de desir De gouster le doux plaisir
Où l'Amour no⁹ conuie. Dieu des amants
oblige moy, donne luy mesme enuie.

POVR DANCER.

I'ay l'ame si rauie
De son visage & de sa voix,
Que pres d'elle je voudrois
Passer toute ma vie.
  Dieu.

Sa bouche si jolie
Fait que je soupire en disant,
Quand la mienne en la baisant
Sera elle assouuie?
  Dieu.

Apres l'auoir seruie,
Seray-je bien assez heureux
Que de ses bras amoureux
Vn jour elle me lie?
  Dieu.

CHANSON

C'Est bien contre la verité, Menteuse Lysimeine, De dire que vostre beauté Mét tout le mond'en peine : Vous deuez auoir honte De nous dire ce conte.

POVR DANCER.

Consultez-en vostre miroir,
Si la glace est fidelle,
Elle vous fera bien-tost voir
Que vous n'estes pas belle :
   Perdez en la croyance,
   Elle est sans apparence.

Vous cognoissez bien par effét
Que pas vn ne vous ayme,
Ayant en vn corps imparfait
Vn esprit tout de mesme :
   Estre laide & mauuaise,
   N'est pas chose qui plaise.

Estouffez ce bruslant desir
Qui vous donne l'enuie
D'esprouuer quel est le plaisir
Le plus doux de la vie :
   Car vostre laid visage
   Veut que vous soyez sage.

S'il n'y à que moy pour guarir
Le mal qui vous outrage,
Soyez certaine de mourir
Auec vn pucelage :
   Car vous estes trop laide
   Pour auoir mon remede.

CHANSON

VN jour gardant mon trouppeau,
Ie vis sur le bord de l'eau La bergere la plus
belle Qui fut jamais en ces lieux: Mais elle est
trop cruelle Pour me rendre amoureux.

Tous les œillets & les lys
Auprés d'elle sont ternis,
Et sa grace naturelle
Surpasse celle des fleurs :
    Mais.

Tous les bergers de ces bois
Sont rangez dessous ses loix :
Moy seul j'ay triomphé d'elle,
Et de l'esclat de ses yeux :
    Mais.

Elle pensoit me charmer,
Et me contraindre à l'aymer :
Mais mon cœur luy fut rebelle,
Et s'eschappa de ses nœuds :
    Car.

CHANSON

EN fin l'ingratte maistresse Qui m'auoit juré sa foy De jamais n'ay-mer que moy, Fausse aujourdhuy sa promesse, Et s'engage folement Dessous les loix d'vn autre amant.

POVR DANCER.

O ! cœur remply d'inconstance,
Esprit mile fois leger :
Crois-tu me pouuoir changer
Sans blesser ta conscience ?
    Es-tu dans le sentiment
    De fausser ainsi ton serment ?

Tu disois quand tout le monde
Se banderoit contre moy,
Mon Tirsis je suis à toy,
Où que le Ciel me confonde,
    Si tu n'es toujours vainqueur
    Des affections de mon cœur.

Et moy qui n'estois que braise,
Dans tous ces rauissements,
Tant d'agreables serments
Me faisoyent transporter d'ayse,
    Et plus heureux que les Dieux
    Ie ne jurois que par tes yeux.

Mais las ! ton ingratitude
A bien mon espoir destruit,
Vn autre cueille le fruit
De ma longue seruitude :
    Ainsi sans difficulté
    Tu trompe ma fidellité.

Mais pauurette tu t'abuse
De m'auoir ainsi changé,
Ne sçays-tu pas bien que j'ay
Dequoy te rendre confuse ?
    Mon despit, & ton malheur
    Te feront changer de couleur.

CHANSON

Amour, crois-tu surmonter Ma perseverance, Me venant oster Ce que j'ay d'esperance? Non, Siluie est trop belle, Moy trop fidelle.

POVR DANCER.

Le nombre de mes riuaux
Augmente ma gloire,
C'est par les trauaux
Que j'auray la victoire,
   Me tesmoignant fidelle
   Comme elle est belle.

Son injuste cruauté
N'esteint point ma flame,
Sa seule beauté
A pouuoir sur mon ame,
   Qui luy sera fidelle
   Comme elle est belle.

Lors que tu m'as affligé
D'vne longue absence,
Tu m'as obligé
Faisant voir ma constance,
   Et que je suis fidelle
   Comme elle est belle.

En fin tu peux quelque jour
Voir finir ma vie:
Mais non pas l'amour
Que j'ay pour ma Siluie,
   Pource qu'elle est trop belle,
   Moy trop fidelle.

CHANSON

A! le bon garçon que Blaise Quand il n'a point de Sabot! La nuit il vient rauy d'ayse Dans mon lict sans dire mot: Pourtant il ne me fait rien Que je ne le veuille bien.

POVR DANCER.

Il m'a dit bas à l'oreille,
M'amour, ne faits point de bruit:
Car si ta Mere s'esueille
Nous aurons mauuaise nuit.
    Croy que je ne feray rien
    Que tu ne le veuille bien.

Mon amy, luy dis-je à l'heure,
Fais tout ce que tu voudras,
Si je crie, où si je pleure
Que je meufe entre tes bras:
    Ma foy tu ne feras rien
    Que je ne le veuille bien.

On allume la chandelle,
Ha Blaise! mon cher amy,
Faut-il que nostre querelle
Ne se vuide qu'à demy?
    Ma foy tu ne ferois rien
    Que je ne vouluſſe bien.

CHANSON

P**Vis que dessous vostre loy Amour
à rangé ma foy, Permettez, belle Catite,
Que j'adore vos appas: Ma passion le merite, Ne la refusez donc pas.

Consideraz le tourment
Que je souffre en vous aymant,
Et vous serez fauorable
A ma rare loyauté :
Car pour estre inexorable
Vous auez trop de beauté.

Ce dieu qui brusle mon cœur
Par vostre bel œil vainqueur,
Me nourrit dans l'esperance
De me voir vn jour heureux,
Me rendant en recompense
Autant aymé qu'amoureux.

Si ce bien m'arriue vn jour,
Que nous benirons l'Amour !
Moy, qu'vne dame si belle
N'aye plus de cruauté,
Vous, qu'vn amant si fidelle
Adore vostre beauté.

VNZIESME LIVRE.

CHANSON

Chere maistresse c'est assez, C'est trop de gentillesses, Abandonnons tous ces baisez, Finissons ces caresses: Laisse-moy reposer vn mois, Ie suis las, faut que tu l'a sois.

I'estime plus que des tresors
De t'auoir pour amante,
I'ay fait aussi de grands efforts
Pour te rendre contente.
      Laisse-moy.

Ie n'ay point manqué en six mois
Vne seule journée,
De te baiser la nuit trois fois,
Et deux la matinée.
      Laisse-moy.

Te souuient-il, belle aux beaux yeux,
Que dedans vn boccage,
Apres six postes dans ces lieux
Tu me teins ce langage?
    Vas-t'en te reposer vn mois,
    Tu es las, faut que je l'a sois.

Puis tu me dis, en me baisant,
Ha! que je suis heureuse!
Tu te tuë mon cher amant,
Ma foy j'en suis honteuse.
      Vas-t'en te reposer.

CHANSON

MA femme estant au tombeau, I'allay trouuer Isabeau, Ie luy dis que ma cuisine Renuersoit de jour en jour: Donne moy ton conseil, ma voisine, Dois-je encor faire l'amour?

POVR DANCER.

La belle me dit alors
Que j'estois gentil de corps,
Et qu'on jugeoit à ma mine
Que j'estois homme de cour :
Si tu prens conseil de ta voisine
Tu feras encor l'amour.

N'est-ce point pour te jouer
Que tu me veux tant louer ?
Dis-moy ? petite badine :
Car je veux rire à mon tour.
Donne moy ton conseil ma voisine,
Dois-je encor faire l'amour ?

Quoy ? me dit-elle en riant,
Ton esprit est meffiant ?
Par cét enfant de Ciprine
Qui nous à fait voir le jour,
Si tu prens conseil de ta voisine
Tu feras encor l'amour.

Alors je luy dis mon cœur,
Par cét enfant mon vainqueur,
Et par ta beauté diuine,
Ie meurs pour toy nuit & jour :
En prenant ton conseil, ma voisine,
Ie te veux faire l'amour.

CHANSON

FI des filles, & des femmes,
Il n'est que d'estre garçon, Quand on me parle des
dames, Aussi-tost j'ay le frisson : Car l'amitié
d'Isabeau M'a trop rongé le Cerueau.

  D'aller dire à ces idoles,
 Vos beaux yeux me font mourir,
 Ce sont de sottes paroles,
 Ie ne les sçaurois souffrir.
  Fi de l'amoureux transi
  Qui n'a que peine & souci.

  Ce ma ier auec elles,
 C'est n'aymer pas son repos,
 Si elles sont vn peu belles.
 Le bon Iean tourne le rots,
  Pendant que l'on meine aux cours
  La cocquette tous les jours.

C'est tous les jours a refaire
Depuis le haut jusqu'au bas :
Si la femme est necessaire,
C'est pour reigler nos repas :
   C'est pour en toute saison
   Tenir nette la maison.

C'est pour ballayer l'ordure,
Pour conduire aux lieux aysez,
C'est pour pendant la froidure
Eschauffer vn peu les pieds.
   Par ma foy, maistre Miché,
   L'on en est bien empesché.

C'est pour nous verser à boire,
Mener l'enfant à ta ta,
Luy mettre des brayes, voire,
C'est pour le mettre à ca ca.
   Par ma foy.

Pour babiller, & pour rire,
Leur esprit n'est qu'à cela :
Vn pauure homme est en martire
D'auoir ces emtrappes là.
   Par ma foy.

C'est vn vaisseau plein d'ordure,
C'est vne teste à l'esuent,
La femme qui trois jours dure
Ennuie le plus souuent.
   Par ma foy.

CHANSON

A My, quel accident estrange Te fait en ce lieu soupirer? Si l'Amour te fait esperer De posseder vn ange: Songe qu'vn homme est hebeté D'assujettir sa liberté.

Tous les attraits d'vn beau visage
Sont fletris en moins de dix ans,
Conserue tes esprits contens,
Ne tiens point ce langage.
  Songe.

Tircis, que tu sçays mal cognoistre
Ce qui peut rendre satisfait,
Ce sexe n'a rien de parfait
Qu'vn desir de paroistre.
  Songe.

Suy les loix de mon innocence,
Imite vn amoureux content :
Pour moy je n'ay rien de constant
Que ma seule inconstance.
  Et croy.

CHANSON

Vous croyez auoir des merites Dont tous les cœurs seront blessez, Petits courtisans vous pensez Vous faire adorer des Charites: Mais on ne trouue rien en vous Qui ne desplaise aux yeux de tous.

POVR DANCER.

Vous croyez auoir bonne mine,
Vous penfez meriter nos vœux,
Quand vous auez fur vos cheueux
Deux ou trois boiffeaux de farine.
　　Mais on ne.

Alors que vous nous fçauez dire
De vos beaux yeux je fuis efprits,
Vous croyez auoir des efprits
Dignes de regir vn empire.
　　Mais on ne.

Vous croyez qu'en voftre corfage
On void des appas infinis,
Et que les charmes d'Adonis
Reuiuent en voftre vifage :
　　Mais on ne.

CHANSON

Elle Philis, je t'asseure Des-le jour que je te vis, Ie disois que la nature T'auoit fait mon paradis. Tout autre objét n'auoit pas, Ce me semble, tant d'appas.

Ce pendant que je reuere
Vn rencontre si heureux,
Vne nouuelle lumiere
Me vient donner dans les yeux,
 Qui me fait dire, Cloris
 Est plus belle que Philis.

I'ayme Cloris vn quart d'heure
Croyant là cherir toujours :
Mais pour elle à la malheure
Ie changé bien de discours,
 Quand je recogneus les lis
 De la belle Amarillis.

I'esuitay donc la presence
De ces foibles deïtez,
Pour consacrer ma constance
A ces charmantes beautez,
 Dont les adorable traits
 M'ont arresté à jamais.

CHANSON

Monsieur qui faites le beau, Si vous ne changez de peau, En fin je seray contrainte De me rire aussi de vous: Vous viuez dans vne crainte Qui n'est pas bonne pour nous.

Vos compliments trop communs
Me sont si fort importuns,
Que je les passe en prouerbe
Comme ceux de Turlupin :
Vous croyez passer Malherbe
En parlant comme Taupin.

Vostre ordinaire entretien
Est de vostre petit Chien,
Qui bat toujours vostre Chate,
Dont vous estes mal content,
Vrayment vostre teste plate
Vous donne bien du tourment.

Ie meure si Iodelet
N'est mile fois plus parfait,
Le seigneur Michaut crouppiere
Vous passe en bonne façon :
Iugez donc quelle misere
D'aymer vn si sot garçon ?

CHANSON

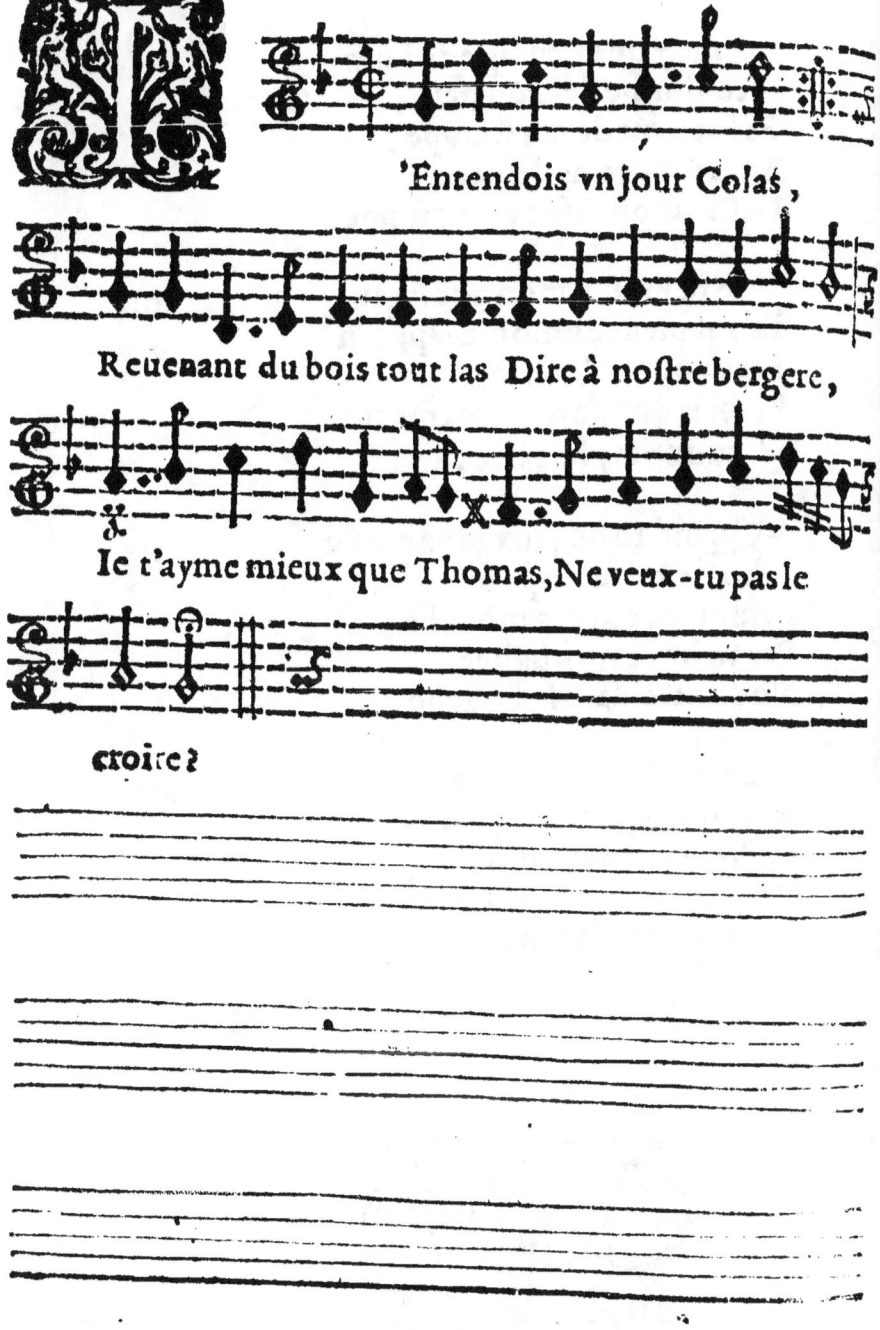

'Entendois vn jour Colas,

Reuenant du bois tout las Dire à nostre bergere,

Ie t'ayme mieux que Thomas, Ne veux-tu pas le

croire?

POVR DANCER.

    Quoy que j'enrage de faim,   bis
Ie te donne de mon pain,
Et souuent de ma souppe,
Et tu monteras demain
Dessus mon Asne en crouppe.

    Ie te preste mon cousteau,   bis
Et s'il pleut de mon chappeau
Ie te couure la teste,
Et mais que j'aye vn manteau
Ie couuriray le reste.

    Quand tu ne veux plus causer,   bis
Affin de mieux reposer
I'empesche que la mouche,
Par vn importun baiser
Ne t'entre dans la bouche.

    En quelque lieu que tu sois,   bis
Margot, si je ne te vois
Aussi-tost je me pasme,
He bien ? si tu ne m'auois
Serez-tu pas sans ame ?

    VNZIESME LIVRE.   D

CHANSON

Ans mentir on est bien ayse
De seruir vne beauté: Mais celle que j'apriuoise
A bien de la cruauté: Car jamais je
ne la baise Que je n'en sois mal traitté.

Pourtant ma petite brune,
Lasse de me voir souffrir,
Ne veut plus que j'importune
Les autres pour me guerir :
O dieux ! la bonne fortune
Si je la puis acquerir ?

Ie voy des-ja que sa mine
Est plus douce de moitié,
Et que dedans sa poitrine
Il y a de l'amitié :
O ! qu'elle sera bien fine
Si je ne luy fais pitié.

He bien ? luy dis-je farouche,
Mouray-je dans ce tourment ?
Serez vous comme vne souche
Sans vie & sans sentiment ?
Permettez que je vous touche
Du bout du doit seulement.

Pensez vous que je resiste
Plus long-temps a vos atraits ?
Non, je ne le puis, Caliste,
Prononcéz moy mon arrest :
Le voicy, ne sois plus triste,
I'accompliray tes souhaits.

CHANSON

I j'ay caressé Cloris, Mes yeux la trouuerent belle, Maintenant si je m'en rids, Sans doute elle n'est plus telle: Ie donne ma liberté Seulement à la beauté.

Ce general mouuement
Que l'on void dans la nature,
N'est autre qu'vn changement
Affin que le monde dure.
    Ie ne suis donc inconstant
    Que pour durer plus long-temps.

Ie t'aymois lors que les lis
Fleurissoient sur ton visage,
Ne voyant plus que des plis
Ie tiens vn autre langage,
    Cloris ne m'ayme donc plus,
    Tes soupirs sont superflus.

Le Printemps fait dégoiser
Au Rossignol son ramage,
Et rien ne peut m'embraser
Que les traits d'vn beau visage.
    Cela n'estant plus au tien,
    Cloris, tu ne tiens plus rien.

                        D iij

CHANSON

Ve l'hôme est malheureux Qui Dans l'amour s'engage, S'il estoit genereux Il tiendroit ce langage, Pour vivre bien-heureux Il faut estre volage.

POVR DANCER.

Absent de ses beaux yeux,
Qui l'ont mis en seruage,
Il n'est jamais joyeux,
Son humeur est sauuage.
    Pour viure.

Vn constant amoureux
Est vne triste image,
Il deuient langoureux
Apres vn pucelage.
    Pour viure.

Ie me mocque de ceux
Qui n'ayment qu'vn visage,
Iamais qu'vn jour où deux
Ie ne leurs rends hommage:
    Puis que pour viure.

D iiij

CHANSON

Hacun ressent le pouuoir
De ma beauté sans seconde, Ie donne sans
reçeuoir De l'amour à tout le monde: Qu'vn a-
mant coure au trespas, Pour moy je ne le suy pas.

Le nombre interdit le choix
Des amants qui se presentent,
Tantost la mine à ma voix,
Tantost les escus me tentent.
  Mais qu'ils courrent.

Vn President est le moins
Que ma beauté peut atendre,
Vn Conseiller neantmoins
S'il est riche, y peut pretendre :
  Mais qu'ils courrent.

Chaque homme à t'il pas son prix,
La campagne est fort plaisante,
Quand on trouue hors de Paris
Quatre mile escus de rente.
  Mais qu'ils courrent.

A l'esclat de ma beauté
Mes sœurs ont gaigné la grille,
Et laissé de mon costé
Tout le bien de la famille :
  Elle s'en peuuent aller
  Si je les vais r'appeller.

D V

CHANSON

EN fin je ne voy plus la belle
Qui m'a causé tant de tourment, Et si souuent mourant pour elle, Ie dis en son esloignement:
O! rigoureuse absence, Rendez-moy ma Philis, Où m'ostez la constance!

Cruelle loy qui là rauie
Par vn obeissant deuoir,
Ne croyez vous pas que ma vie
Ne veuille bien-tost là reuoir?
　　O! rigoureuse.

Cacher ses beautez à mon ame,
C'est oster le flambeau des Cieux,
Qui ne peut esteindre sa flame
Que dans l'esclat de ses beaux yeux.
　　O! rigoureuse.

CHANSON

DE tant d'amāts que nous fait voir A-marille à sa suitte, Ell'en peut rebutter l'es-poir, Mais non pas la poursuit- te: Car c'est le droit de sa beauté Qu'on l'ayme auec sa cruau- té.

POVR DANCER.

Ils font tous dans le desplaisir,
Et la perseuerance,
Chacun conserue son desir
En perdant l'esperance :
    Car c'est le droit.

Son bel œil sçait si bien charmer
Qu'il se fait par tout suiure,
On ne peut cesser de l'aymer
Qu'on ne cesse de viure :
    Car c'est le droit.

Bien que ses traits soyent rigoureux,
Ils ont cet aduantage
Qu'ils peuuent faire vn malheureux :
Mais non pas vn volage.
    Car c'est le droit.

Tous ceux que son regard vainqueur
A l'amour solicite,
Sans se plaindre de sa rigueur
Esleuent son merite.
    Car c'est le droit.

CHANSON

E ne me plais point à baiser Si ce n'est à la bouche: Ie ne puis lõg-tẽps demeurer Si premier je ne touche: Car d'estre dans le compliment Ce n'est pas là mon ele-ment.

POUR DANCER.

La contrainte n'est pas mon jeu,
N'y la ceremonie :
Car si je ne folatre vn peu
Aussi-tost je m'ennuie :
  Et d'estre.

Ie me mocque de ces discrets
Qui sont sur les louanges,
Qui viuent auec des respects
Comme deuant des anges.
  Car d'estre.

Mes dames, sans dissimuler,
Mon humeur vous plait elle ?
Toucher, chanter, rire, & baiser,
N'est-elle pas plus belle ?
  Que d'estre.

CHANSON

Loris, tu sçays que mon hu-
Et que nonobstant ta froi-

meur Ne fut jamais vola- ge,
deur Ie t'ayme dauanta- ge : Pourquoy

donc me faits tu tant de mal, Quelle faute ay-je faite?

Ie dis que tu n'as rien d'esgal, Tu es tou-

te parfait- te.

POVR DANCER.

Aminte se mocque de moy,
Elle à juré ma perte,
Pour auoir refusé la foy
Qu'elle m'auoit offerte:
Sçays-tu pas que j'ay vn mespris
Des beautez de Siluie?
Pour te consacrer mes escrits,
Mon bon-heur, & ma vie.

Mesmement depuis que Philis
M'a fait vne querelle,
Pour auoir dit que tous ses lis
Ne l'a rendoyent plus belle:
Ma foy je ne me soucie pas
Qu'elle soit en colere:
Car ses beautez n'ont point d'appas
Capables de me plaire.

Cloris, tu sçays que tout mon soin
N'est sinon qu'à te plaire,
Que je cheris ton entretien
Au delà de ma gloire:
Mais je suis reduit à tel point
Que si mon cœur soupire,
Ma douleur ne te touche point,
Et tu n'en faits que rire.

VNZIESME LIVRE.

CHANSON

'Ay ouy dire qu'vne fille Qui croid estre sans deffaut, Disoit l'autre jour tout haut Dans vn bal de cette ville, Ie me mocque d'vn garçon Qui nesçayt pas sa leçon.

POVR DANCER.

    L'vn courtisant son astrée
Dit, en luy serrant la main,
Il fera fort beau demain,
Car nostre cour est gelée.
      Ie me mocque.

    Vn autre à demy sauuage
Ne parlant que des forest,
Dira cent-fois, au laquais,
Vas-ten faire vn tel message.
      Ie me mocque.

    Vn frequente vne assemblée
Sans sçauoir son entre-jan,
Et dit pour tout compliment
Que sa Chatte est accouchée.
      Ie me mocque.

    Pour moy qui les mets en roolle,
Ie voudrois que ces amants
Auant lire les romants
Eussent esté à l'escolle.
      Ie me mocque.

FIN DES CHANSONS A DANCER.

AV PERE FLOTTE.

Rand Pere de la Iubilation, qui mesurez les heures au plein & declin des pots. Iuge souuerain des actions Bacchiques: voicy vne douzaine de Chansons à Boire pour les enfants de la Treille, c'est vn antidote contre la melancolie, & quiconque s'en seruira doit confesser que la vie est douce quand elle est assaisonnée de la joye. Pour moy tout mon soucy est de rire, & quoy que die vn esprit bourru, mon amour est vn Diogene, il fait son sejour dans vn tonneau. Ce n'est pas que je sois insensible, ceux qui me voyent à Table en peuuent dire quelque chose: mais je suis bien ayse de faire profession

de liberté. Pere, acheuons nos jours comme nous auons commencé, faisons la nicque à ses refueurs, qui meurent le coffre plein & le ventre vuide : ce n'est pas pour eux que ce liure est Imprimé, c'est pour les vrays courtisans de la bouteille, à qui je suis tres-humble seruiteur.

DE ROSIERS BEAVLIEV.

E iij

DE ROSIERS. CHANSON

LE vin, le vin, le vin, le vin, Est vne liqueur sans pareille, Aussi toujours à cette fin Ie vays cherchāt vne bouteille: Ha! la voy-la, ha! la voicy, Celle qui chasse le soucy.

Fy, que l'on ne me parle pas
De Iardin, n'y de Thuillerie.
Voicy mon cours que ce repas,
C'est où je veux passer ma vie,
Ha! la voyla.

Celuy qui planta le serment,
N'estoit-il pas vn homme insigne?
De ne laisser par testament
A ses enfants que de la vigne.
Ha! la voyla.

POVR BOIRE.

LE vin, le vin, le vin, le vin, Est  vne liqueur sans pareille, Aussi toujours à  cette fin Ie vays cherchāt vne bouteille: Ha!le voyla, ha! la voicy, Celle qui chasse le soucy.

  L'homme qui vit dans les tresors
  Ie l'estime bien miserable,
  Il n'est que de traitter son corps,
  De rire, & de chanter à Table,
   Ha ! la voyla.

  Du vin, du vin, du vin, du vin,
  Ce mot me charme les oreilles:
  Ca, chers amis, le verre en main,
  Faut vuider toutes les bouteilles.
   Ha ! la voyla.

DE ROSIERS. CHANSON

'Ay tournoyé la terre & l'onde,
Et rien n'a contenté mes yeux, Les objéts plus delicieux M'ont fait encor haïr le monde:
Il est vray que le vin d'Ay Me fit chanter a-
y, ay.

 Lors que je fus en Angleterre,
Je demeuré tout interdit:
Je creus d'abord que quelque édit
Defendoit l'usage du verre:
 Je demandé du vin d'Ay,
 L'hoste me dit ay, ay.

 Le lendemain je dis, compere,
Que diable faittes vous icy?
On ne chasse point le soucy,
On ne boit point à ce bon Pere.

POVR BOIRE.

I'ay tournoyé la terre & l'onde,
Et rien n'a contenté mes yeux, Les objets plus delicieux M'ont fait encor haïr le monde:
Il est vray que le vin d'Ay Me fit chanter ay, ay.

    Il faut auoir du vin d'Ay,
    Afin de dire ay, ay.

Ie ne quitteray plus la France,
C'est le séjour le plus charmant,
Pour auoir du contentement,
C'est le pays de l'abondance:
    Sus, à l'honneur du vin d'Ay
    Il faut chanter ay, ay.

E v

DE ROSIERS. CHANSON

A,compagnons, faisons ripail-
le, Il faut tous s'en-yurer icy, Et si quelqu'vn à du soucy, Qu'il boiue vn coup, & qu'il s'en
aille: Ma foy nous ne souffrirons pas Vn
rechigneur dans ce repas.

    Car de voir vn resueur à Table
N'est-ce pas prophaner ce vin ?
Comme le plaisir est diuin,
Il faut que tout soit delectable.
    Ma foy.

    Fuyons l'auare, il est indigne
D'entrer au temple de Bacchus,
Pour moy je n'ayme les escus
Que pour entretenir la vigne.
    Ma foy.

POVR BOIRE.

A, compagnons, faisons ripaille, Il faut tous s'enyurer icy, Et si quelqu'vn à du soucy, Qu'il boiue vn coup, & qu'il s'en aille: Ma foy nous ne souffrirons pas Vn rechigneur dans ce repas.

Ca, buuons, personne ne gronde,
Tous nos visages sont contents:
Voicy l'vnicque passe-temps
Qui se doit practicquer au monde.
    Ma foy.

DE ROSIERS. CHANSON

'Ayme la Tauerne, C'est tout mon desir, Selon mon plaisir Chacun se gouuerne : Maistres & valets Font ce qu'il vous plaist.

Selon son office
Chacun vient à vous,
Ils s'aprestent tous
Pour vostre seruice.
    Maistres.

Si l'on fait la beste,
Ne faut dire mot :
Mais faut prendre vn pot,
Et casser la teste.
    Maistres.

POVR BOIRE.

'Ayme la Tauerne, C'est tout mon desir, Selon mon plaisir Chacun se gouuerne: Maistres & valets Font ce qu'il vous plaist.

Le garçon qui gronde
Ne doit valoir rien,
Et c'est faire vn bien
De l'oster du monde.
Maistres.

I'ay pour mon vsage
La pomme de Pin,
On boit de bon vin,
On à bon visage.
Maistres.

DE ROSIERS. CHANSON

A Fin que le temps se hausse,
Que fait le Franc le matin,
D'vne main il prend du vin,
Et de l'autre il préd ses chausse:
Amis, voyla la façon
Que doit viure vn bon garçon.

Pour Minard quand il s'eueille,
Il croiroit faire vn delict,
S'il sortoit hors de son lict
Sans vuider vne bouteille.
    Amis.

Et le cher amy la Greue
Dit vn mot qui est diuin,
Faut toujours prendre du vin
En mesme temps qu'on se leue.
    Amis.

POVR BOIRE.

A Fin que le temps se hausse,
Que fait le Franc le matin, D'vne main il prend du

vin, Et de l'autre il prend ses chausse: Amis, voyla

la façon Que doit viure vn bon garçon.

    De Rosiers n'a point d'enuie
    Que de les bien imiter,
    Tous quatre sçauent gouster
    Les delices de la vie.
        Amis.

DE ROSIERS. CHANSON

LE Franc, le divin buueur, Il faut chercher ta faueur Pour entrer dedans les Caues: Rien n'est comparable à toy, Il faut que tous les plus braues Flefchiffent deffous ta loy.

 Partout vole ton renom,
Partout où l'on void ton nom
Chacun luy fait vne offrande:
Tu dois de tout efperer,
Ayant ce que tu demande
Auant que le defirer.

 Qui veut faire vn bon repas,
Il faut qu'il fuiue tes pas,
Honneur à ta fricaffée:
Car tu luy donne vn tel gouft
Que la gloire est effaffée
De tous les autres ragouts.

POVR BOIRE.

LE Franc, le divin buueur, Il faut chercher ta faueur Pour entrer dedans les Caues: Rien n'est comparable à toy, Il faut que tous les plus braues Flechissent dessous ta loy.

Il faut dire desormais
Que tu sçays de tous les mets
En tirer la quintessence:
Venez les plus delicats
Sucçer la parfaitte essence
Dont le Franc frotte ses plats.

VNZIESME LIVRE. F

DE ROSIERS. CHANSON

Iluie, Ma vie, Dans ce repas, Ie chante, Ie vante Tes doux appas.

    Ma belle
Fidelle
Garde ta foy,
Mon ame
S'enflame
Aupres de toy.

    Merueille,
Ie veille
Pour te seruir,
Ta mine
Diuine
Sçayt tout rauir,

POVR BOIRE.

Iluie, Ma vie, Dans ce repas, Ie chante, Ie vante Tes doux appas.

Ripaille,
Gogaille,
Buuons d'autant
Siluie,
Ma vie,
Ie suis content.

DE ROSIERS. CHANSON

La triste figure Que tu veis ce matin ! Ce me fut vn augure D'auoir de mauuais vin : Tirsis, cette journée Me dura vne année.

De Tauerne en Tauerne
Ie voulois tout casser,
Comme vn Chat que l'on berne
Ie criois sans cesser.
  Tirsis,

POVR BOIRE.

La triste figure Que tu veis ce matin! Ce me fut vn augure D'auoir de mauuais vin: Tirsis, cette journée Me dura vne année.

Ie fis cuire vne Pomme
Pour me faire vn ragousts,
Ie croy que ce fantosme
Auoit charmé mon gousts.
    Tirsis.

DE ROSIERS. CHANSON

Que cette saulse est douce!
Amis, succons le poulce,
Le manger delicat!
Et nettoyons le plat:
Apporte là, Cousi-
ne, Et viue la cuisine.

J'ay la langue friande
Pour contenter mon gousts,
Il faut que la viande
Sente vn peu le ragousts.
    Apporte.

POVR BOIRE.

Ve cette saulse est douce!
Amis, succons le poulce,
Le manger delicat!
Et nettoyons le plat: Apporte là, Cou-
sine, Et viue la cuisine.

La saulse me fait rire,
Ie l'ayme vnicquement,
Quand j'en voy, je puis dire
Voicy mon eslement.
    Apporte.

DE ROSIERS. CHANSON

Banissons l'éticque Qui n'ay-
C'est vn frenetique Qui est
me que l'eau, Sa trongne pourrie Est pour la voy-
sans ceruëau,
rie.

Banissons l'auare
Qui fuit de Bacchus,
Il fait la fanfare
Auec ses escus.
   Sa trongne.

Celuy qui ne prise
Que l'esclat du bien,
Porte en sa deuise
Il n'est bon à rien.
   Sa trongne.

POVR BOIRE.

Anisſons l'éticque Qui n'ay-
C'eſt vn frenetique Qui eſt

me que l'eau,   Sa trongne pourrie Eſt pour
ſans cerueau,

la voyrie.

L'homme qui pour boire
Met tout à l'enuers,
On chante ſa gloire
Par tout l'Vniuers,
Et jamais l'enuie
N'attaque ſa vie,

F V

La ROSIERE. CHANSON

E bon pere Flotte   A l'es-
Souuent sa Calotte Couure

prit diuin,   Son ame est rauie   Quand il fait la
de bon vin :

vie.

Iamais il ne gronde,
Son esprit joyeux
Fait que tout le monde
Le suit en tout lieux.
    Son ame.

POUR BOIRE.

E' bon pere Flotte A l'es-
Sonuent sa Calotte Couure-
prit diuin,
de bon vin: Son ame est rauie Quand il
fait la vie.

Il ne fait que rire
Dedans vn festin,
Si son cœur soupire,
C'est apres le vin.
Son ame.

St Rosiers. CHANSON

Ire, lire, lire, Boy de
Celuy qui ne tire, Il est

ce muscat,
vn grād fat, Pour faire merueille Vuidons la bou-

teille.

Celuy qui ne mange
N'est-il pas bien fat?
Qui fait de l'estrange
A toucher au plat.
Pour faire.

POVR BOIRE. 47

Ire, lire, lire, Boy de
ce muscat,
Celuy qui ne tire Il est
vn grād tat : Pour faire merueille Vuidons
la bouteille.

L'homme est detestable
Qui fait le marmot
Quand il est à table,
Et qu'il ne dit mot.
Pour faire.

F I N.

TABLE
DV VNZIESME LIVRE.

A
A Dieu, Philis, je vous jure. feuil. 4
Amour, crois-tu surmonter. 15
Amy, quel accident estrange. 21

B
Belle Philis, je t'asseure. 23

C
C'est bien contre la verité. 12
Chacun ressent le pouuoir. 29
Chere maistresse c'est assez. 18
Cloris, tu sçays que mon humeur. 33

D
De tant d'amants que nous fait voir. 31

E
En fin l'ingratte maistresse. 14
En fin je ne voy plus la belle. 30

F
Fi des filles, & des femmes. 20

H
Ha! le bon garçon que Blaise. 16

I
I'ay promis à ma maistresse. 9
I'ay ouy dire qu'vne fille. 34
Ie ne veux plus aymer Dorise. 6
Ie n'en ay pas le pouuoir. 10
I'entendois vn jour Colas. 25
Ie ne me plais point à baiser. 32

L
Larice à des traits si puissants. 7
Lors que je voy Siluie. 11

TABLE.

M
Ma femme eftant au tombeau.   19
Maman vous n'eftiez pas fage.   3
Monfieur qui faites le beau.   24

P
Puis que deſſous voftre loy.   17

Q
Qu'Amour à de traits rigoureux.   5
Que j'ayme le fouuenir.   2
Que l'homme eft malheureux.   28

S
Sans mentir on eft bien ayfe.   26
Si j'ay careſſé Cloris.   27
Sur le point de mourir.   8

V
Vn jour gardant mon trouppeau.   13
Vous croyez auoir des merites.   22

CHANSONS A BOIRE.

Affin que le temps fe hauffe.   40
Banniſſons l'éticque.   45
Ca, compagnons, faifons ripaille.   38
I'ayme la Tauerne.   39
I'ay tournoyé la terre & l'onde.   37
Le bon pére Flotte.   46
Le Franc, le diuin buueur.   41
Le vin, le vin, le vin.   36
Lire, lire, lire.   47
O! la trifte figure.   43
Que cette faulfe eft douce.   44
Siluie, ma vie.   42

FIN.

EXTRAIT DV PRIVILEGE.

PAR LETTRES PATENTES DV ROY données à sainct Germain en Laye le vingt-neufiesme jour d'Auril, l'An de grace Mil six cens trente-sept, & de nostre reigne le vingt-septiesme. Signées, LOVIS, & sur le reply, PAR LE ROY. DE LOMENIE. & à costé est escrit Visa, Scellées du grand sceau de Cire verte en lacs de soye rouge & verte. Par lesquelles il est permis à Pierre Ballard, seul Imprimeur de la Musique de sa Majesté, d'imprimer, faire imprimer, vendre & distribuer toute sorte de Musique tant voccale, qu'instrumentale, de tous Autheurs: nonobstant toutes autres Lettres à ce contraires. Faisant defence à toute autres personnes de quelque condition & qualité qu'ils soyent, d'entreprendre d'Imprimer aucune sorte de Musique, tant vocale, qu'instrumentale, de quelque Autheurs que ce soit, ny mesme tailler, ny fondre aucuns Caracteres de Musique sans le congé dudit Ballard, à peine de Six mile liures d'amende, ainsi qu'il est plus amplement desclaré esdittes Lettres. Saditte Majesté voulant aussi qu'à l'Extrait d'icelles mis au commencement ou fin de chacun des liures imprimez, foy soit adjoustée comme à l'original, & soyent tenuës pour bien & deuëment signifiées à tous qu'il appartiendra. Et en cas de contrauention aux dittes Lettres, s'en est saditte Majesté reseruée & à son Conseil la cognoissance: faisant defence à tous autres Iuges d'en cognoistre.

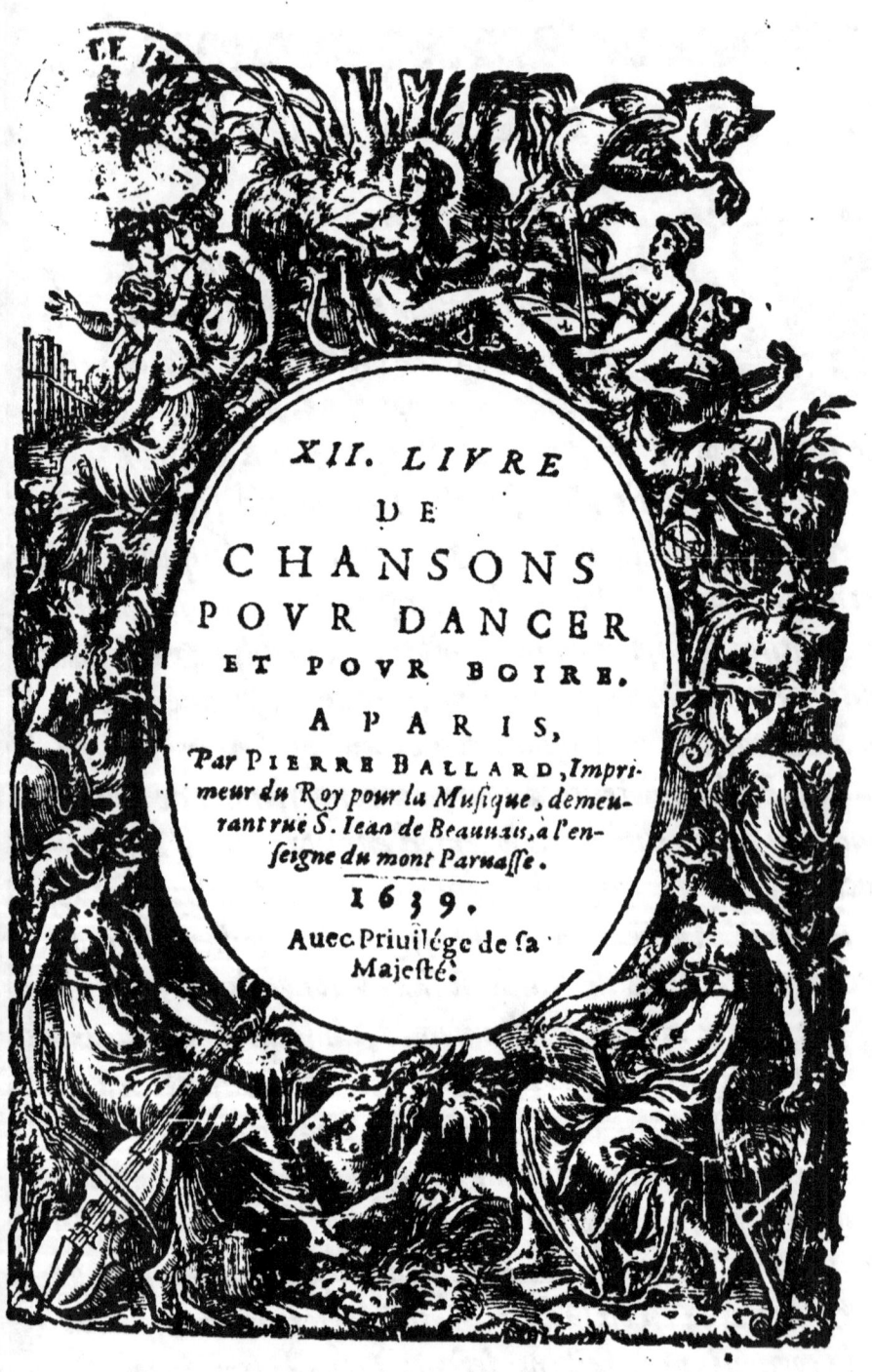

XII. LIVRE DE CHANSONS POVR DANCER ET POVR BOIRE.

A PARIS,
Par PIERRE BALLARD, Imprimeur du Roy pour la Musique, demeurant rue S. Iean de Beauuais, à l'enseigne du mont Parnasse.
1639.
Auec Priuilége de sa Majesté.

ADVERTISSEMENT.

AYANT appris de quelques-vns de mes amis, le peu de satisfaction que la plus part reçoyuent des Liures de Chansons que j'imprime, par la pensée qu'ils ont que je ne les mets au jour qu'apres auoir esté beaucoup chantées. Pour les obliger à auoir d'autre creance, j'ay voulu leur donner ce petit mot d'aduis, & les asseurer que d'vne quantité qui me tombent entre les mains dans l'année, je considere fort exactement celles qui peuuent auoir plus de cours : & non content de cela, j'employe ceux que je cognois y auoir le plus d'inuention, afin d'en donner des plus nouuelles, comme j'ay fait particulierement en celuy cy, où j'ay supplié Monsieur Macé d'en vouloir mettre vne douzaine qui n'eussent esté veuës de personne, ce que m'ayant accordé, je les ay voulu placer toutes les premieres dans ce Liure, par l'esperance que j'ay qu'ils en receuront quelque satisfaction, tant pour les paroles que pour les chants, & changeront desormais d'opinion.

CHANSON
POVR DANCER.

Hilis quitrez vostre rigueur, Philis quittez vostre rigueur, Et ne tenez plus en langueur vostre amant qui soupire, Donnez remede a son tourment, Allegez son martyre.

CHANSON.

Quoy? lairrez-vous ainsi mourir   bis.
Celuy que vous pouuez guerir,
Cependant qu'il respire?
     Donnez remede.

Son cœur épris de vos beautez,   bis.
N'ose blasmer vos cruautez,
Il brusle sans le dire.
     Donnez.

Sauuez d'vn funeste trespas,   bis.
Celuy que vos charmants appas
Ont mis sous vostre empire.
     Donnez.

Soyez fauorable à ses vœux,   bis.
Esteignez l'ardeur de ses feux,
Afin qu'il puisse dire
Philis a gueri mon tourment,
Et mon cruel martyre.

CHANSON

Pourquoy brusler dedans l'ardeur D'vne flame amoureuse, Et souffrir toujours la froideur D'vne fille orgueilleuse? Tu me fuis, tu me dis adieu, Et bien Cloris, a deux de jeu.

POVR DANCER.

Vn galand est bien mal adroit
Qui ne trouue pratique:
Si Cloris m'estime imparfait,
Ie caresse Angelique,
Et les deux me disant adieu,
Ie leur responds à deux jeu.

Pour rabbattre leur fierteté
Il ne faut que s'en rire,
Leur esprit est plus irrité
D'autant plus qu'on soupire:
Mais alors qu'on leur dit adieu
Elles font aussi-tost beau jeu.

Si chacun auoit entrepris,
L'on forceroit ces belles
A quitter soudain leurs mespris,
Et leurs rigueurs mortelles:
Car quand elles diroyent adieu,
On leur diroit à deux de jeu.

A iiij

CHANSON

Bien qu'Isabelle ma voisine
Me tesmoignast sa passion,
Et quoy que son affection
Se pût recognoistre à sa mine,
Ie n'eus pas l'esprit de juger
Que c'estoit l'heure du berger.

POVR DANCER.

Pour bannir de moy toute crainte
Sa voix se formoit en soupirs,
Et ses yeux suiuants ses desirs
Me donnoyent de si viue atteinte,
Que tout autre eust bien peu juger
Que c'estoit l'heure du berger.

Il est vray que je fus en terme
De me défaire du respect:
Mais dans ce genereux project
Ie n'eus pas l'esprit assez ferme,
Et manquay, faute de juger
Que c'estoit l'heure du berger.

En fin venant à la gageure
A qui de nous baiseroit mieux,
Chatoüillé d'vn feu gracieux,
Et réueillé par sa picqueure,
Ie commençay lors à juger
Que c'estoit l'heure du berger.

A v

CHANSON

Voy? pensez-vous, belle Cloris, Qu'vn baiser esteigne ma flame, Et que les tourments de mon ame Soyent si facilement gueris? Ce n'est pas Cloris vn bai- ser Qui pourra mes maux appai- ser.

POUR DANCER.

Soit que je baise vostre sein,
Ou bien vostre bouche vermeille,
Vn nouueau desir te reueille,
Et je fais vn autre dessein :
Aussi n'est-ce pas vn baiser
Qui pourra mes maux appaiser.

Plus vos baisers sont amoureux,
Plus mon ardeur est violente,
Et mon humeur impatiente
Me fait soupirer dans ces feux,
Disant Cloris, vn doux baiser
Ne sçauroit mes maux appaiser.

L'Amour est vne passion
Qui demande la joüissance,
La refuser à ma souffrance
C'est auoir peu d'affection :
En effet Cloris, vn baiser
Ne sçauroit mes maux appaiser.

CHANSON

EN fin j'ay dompté son courage, I'ay rendu son cœur amoureux, Elle est fauorable à mes vœux, Et son humeur n'est plus volage: I'ay maintenant la liberté De caresser cette beauté.

Mes feux ont eschauffé sa glace,
Mes maux ont flechy sa rigueur,
Ie ne suis plus dans la langueur
Ayant gaigné sa bonne grace.
  I'ay maintenant.

Sont les effets de ma constance,
Et le doux fruict de mes trauaux :
Ie suis guery de tous mes maux
Par cette heureuse joüissance.
  I'ay maintenant.

Quelque faueur que je desire
Tout aussi-tost je la reçois :
Mes volontez luy sont des loix,
Elle est soubmise à mon empire.
  I'ay maintenant.

En fin mon bonheur est extresme,
Et mon plaisir est sans pareil,
Puis que Philis, mon doux Soleil,
Me cherit autant que je l'ayme.
  I'ay maintenant.

CHANSON

Ve je me ris d'vn amou-
reux Qui brusle sans le dire, Qui n'ose descouurir ses feux, Ny plaindre son martire, Vn amant
si respectueux Perd le bien qu'il desi- re.

Si toſt que l'Amour m'a touché
Ie teſmoigne ma flame,
Et ne tiens pas mon feu caché
Dand le fonds de mon ame :
Ie croirois commettre vn peché
Le celant à ma Dame.

Ie luy declare promptement
Le ſujet de ma peine,
Ne pouuant ſouffrir longuement
Sans la faire certaine,
Qu'à moins d'alleger mon tourment
Ma mort s'en va prochaine.

Ainſi j'implore ſon ſecours,
Et l'appelle à mon aide,
Luy remontrant que mes amours
Ont beſoin de remede :
Son cœur gaigné par mes diſcours,
En fin je la poſſede.

CHANSON

Cloris dont les yeux sont si doux, Cloris dont les yeux sont si doux, Que chacun en ayme les coups, A captiué mon ame: I'adore ses charmãts appas Qui font naisç-tre ma fla- me.

POVR D'ANCER 9.

  Mon cœur espris de si beaux feux,   bis.
Se trouue tellement heureux
Qu'à toute heure il se pasme,
Et benit ses charmants appas
Qui font naistre ma flame.

  Si les efforts de sa beauté   bis.
Ont enchaisné ma liberté,
Ie ne crains pas le blasme,
I'adore ses charmants appas
Qui font naistre ma flame.

  Son beau visage a tant d'atttraits,   bis.
Ses regards sont si pleins de traits,
Qu'il faut estre sans ame
Pour ne se rendre à ses appas
Qui font naistre ma flame.

  Sa douce voix rauit mes sens,   bis.
Et dans les plaisirs que je sens
Ie luy dis, ha madame !
I'adore vos diuins appas
Qui font naistre ma flame.

   DOVZIESME LIVRE.   B

CHANSON

Ie n'adore plus ces beautez, Ie n'adore plus ces beautez, Qui pensent qu'à leurs cruautez L'on doiue faire hommage, Ie me suis desgagé D'vn si facheux serua- ge.

POVR DANCER 10.

  Leurs mespris ont esteint mes feux,   bis.
Et mon cœur n'est plus amoureux
De ces humeurs hautaines,
J'abhorre leurs appas qui produisoyent nos peines.

  Mais j'ayme les traits innocens   bis.
D'vn bel œil qui charmant mes sens,
Et captiuant mon ame
Contente mes desirs, & modere ma flame.

  Qui touché de ma passion   bis.
Répond à mon affection
Par vn amour semblable,
Et donne à mes ardeurs vn secours fauorable.

  Qui me flatte dans mon tourment,   bis
Et traitte si benignement
Mon amoureux martyre,
Qu'il me laisse joüir du bien que je desire.

        B ij

CHANSON

A Minthe de qui la beauté Ra-
uit toutes les ames, A captiué ma liberté,
Et je suis dans les flames: Mais bruslant pour ses
doux appas, Ie meurs, & je ne luy dis pas.

Ses regards décochent des traits
Dont je ressents l'atteinte :
Mais bien qu'espris de ses atraits,
Ie n'en faits pas de plainte.
    Et bruslant.

Son teint qui tire sur le brun
Est plus beau que l'Aurore :
Le blanc me semble trop commun,
C'est le brun que j'adore.
    Mais bruslant.

La couleur de ses longs cheueux
Est celle que je prise,
A chaque brin j'appends des vœux,
Ils tiennent ma franchise.
    Mais bruslant.

Son esprit est aussi charmant
Que sa grace est aymable :
Mon cœur benit incessamment
Cét objet agreable.
    Mais bruslant.

CHANSON

Hilis a des appas: Mais puis qu'ell'est volage, Ie ne m'obstine pas A l'aymer dauantage. Ie mesprise cette beauté Qui n'a poinct de fideli- té. té. Ie

Damon est aujourdhuy
Le sujét de sa flame,
Et Tirsis, comme luy,
Sera demain son ame.
    Ie mesprise.

Elle approuue les feux
Du premier qui la flatte,
Puis rebutte ses vœux,
Et fait la delicate.
    Ie mesprise.

Son cœur toujours flottant
Ne s'attache à personne
Il est plus inconstant
Que le vent de l'Automne.
　　Ie mesprise.

Elle brusle d'amour
Et bien tost est de glace,
C'est beaucoup quand vn jour
L'on demeure en sa grace.
　　Ie mesprise.

I'estois son tout, son bien,
Son mignon, son fidelle,
Ce pendant pour vn rien
Elle fait la cruelle.
　　Ie mesprise.

Elle mouroit pour moy,
Me juroit cette folle,
Et neantmoins je voy
Qu'vn autre la cageolle.
　　Ie mesprise.

M'asseurant au serment
De cette ame volage,
I'alois aueuglément
Adorant son visage :
Mais à present cette beauté
N'engage plus ma liberté.

CHANSON

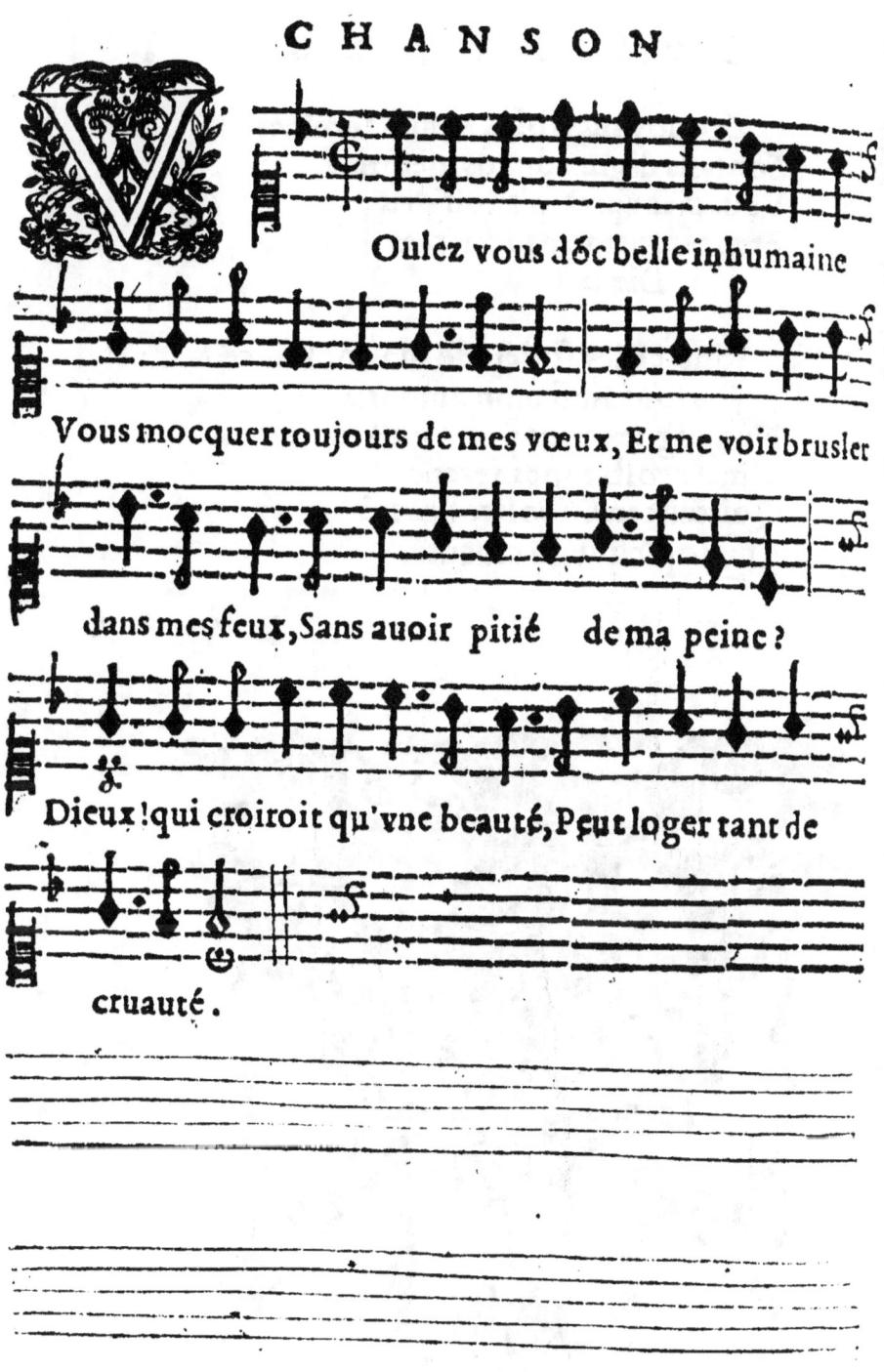

Voulez vous dõc belle inhumaine
Vous mocquer toujours de mes vœux, Et me voir brusler
dans mes feux, Sans avoir pitié de ma peine?
Dieux! qui croiroit qu'vne beauté, Peut loger tant de
cruauté.

Et quoy mes soins & mes seruices
Sont-ils dignes de vos mespris ?
Vous riez apres m'auoir pris,
Et mes tourments sont mes delices.
   Dieux !

Sont-ce les fruicts de ma constance ?
Payez vous ainsi mon amour ?
Ne craignez vous point qu'à mon tour
I'imite vostre indifference ?
Quittant en fin vostre beauté
Qui te picque de cruauté.

       B V

CHANSON

Philis quoy qu'ũ peu brunette
Engage ma liberté,
Elle n'est pas moins adroite
Qu'elle est parfaite en beauté:
C'est offenser ses appas
De ne les adorer pas.

Les douceurs de son visage
Ont des attraits innocens,
Tous les cœurs luy font hommage,
Et luy donnent des encens.
    C'est offenser.

Ses yeux captiuent les ames
Par la force de leurs dards :
Tout cede aux ardantes flames
De ses amoureux regards.
    C'est offenser.

Son maintien est admirable,
Et son abord gracieux :
Son discours est agreable,
Charmant, & delicieux.
    C'est offenser.

Sa voix est celle d'vn Ange
Qui rauit tous les morrelz,
Chacun d'eux à sa loüange
Luy fait bastir des Autelz.
    C'est offenser.

CHANSON

J'Ayme vne bergere   Autant que je puis, Son humeur legere   Me fait souffrir mile ennuis: Ne me blasmeroit on pas D'aymer encor ses appas.

Son desdain me tuë,
Ie ne puis pourtant
Absent de sa veuë
Demeurer vn seul moment.
　　Ne me.

Mais cette folastre
Qui lit dans mon sein,
Veut que j'idolastre
Les coups de sa belle main.
　　Ne me.

Ce qui plus m'offence,
Son cœur inesgal
Fait qu'à ma presence
Elle caresse vn riual.
　　Ne me.

CHANSON

M Argot dedans ce vilage Soupire apres son Berger: Mais il a l'esprit volage, Et ne se plaist qu'à changer: Belle Margot, que tu as tort D'aymer vn volage si fort.

Plus elle luy fait de plainte,
Moins il reçoit son tourment,
Et cét esprit sans contrainte
Est vn vray sable mouuant.
    Belle.

Quand on le void aupres d'elle
Il semble d'amour espris,
S'il en void vne plus belle
Aussi tost il en est pris.
    Belle.

Elle croit qu'autant de larmes
Que verse cét inconstant,
Est vn effet de ses charmes
Par tout il en fait autant.
    Belle.

CHANSON

Diane me tient sous sa loy, Diane me tient sous sa loy, Sa beauté triomphe de moy Par vn pouuoir extresme: Ie n'ayme point je ne sçay quoy, Ie sçay bien ce que j'ayme.

Je distingue bien ses attraits, bis.
Je sçay le nombre de ses traits
Dont la force est extresme,
 Je n'ayme.

C'est bien ne la cognoistre pas, bis.
Que de douter de ses appas,
Et commetre vn blaspheme,
De dire qu'vn je ne sçay quoy
Soit cause que je l'ayme.

Hé quoy! son visage charmant, bis.
Sa belle humeur, son jugement,
Et sa beauté supresme:
Est-ce donc vn je ne sçay quoy
Qui fasse que je l'ayme?

DOVZIESME LIVRE. C

CHANSON

Tous nos bergers font l'amour a Silvie,
J'empescheray qu'il ne trouble ma vie,
Ayant pouuoir sur l'esprit de ma belle,
Et puis Amour entreprend ma querelle.

L'vn fait serment de mourir & luy plaire,
L'autre se plaint qu'elle luy est seuere,
Et moy je rids de toute leur sotise,
Puis que l'Amour m'a donné sa franchise.

Les desplaisirs, & les inquietudes
Les font mourir dedans leurs seruitudes,
Pauur'amoureux, que je plains vostre peine!
Retirez vous, Siluie est inhumaine.

Dieux! que de soins, & que d'impatience!
Que de desdains, & que de resistance!
Allez bergers, espargnez vostre vie,
Puis qu'en effet je possede Siluie.

CHANSON

E-Stant auec ma Philis L'autre jour dans vn boccage, En baisant son sein de lys En mesme temps je m'engage. Ha! dit elle en riant, Vous faites bien du galand.

En baisant son sein de lys, &c.
Où l'Amour laisse le prix
A ceux qui luy font hommage.
  Ha ! dit-elle.

Où l'Amour laisse le prix, &c.
Vrayment j'en serois d'aduis,
Hola, vous n'estes pas sage.
  Ha ! dit-elle.

Vrayment j'en serois d'aduis, &c.
Que faites vous mon Tirsis,
On le sçaura au vilage ?
  Ha ! dit-elle.

Que faites vous, mon Tirsis, &c.
Attends vn peu, ma Philis,
Tu changeras de langage.
  Ha ! dit-elle.

Attends vn peu, ma Philis, &c.
En disant, mon cher Tirsis,
Recommençons nostre ouurage.
  Ha ! dit-elle.

C iij

CHANSON

'Admire le dessein
D'vne jeune rusée, Qui se leue au matin
La fraische matinée. Ha! vrayment, ha! vrayment Philis en vn moment, Ha! vrayment, ha! vrayment Philis est attrappée,

POVR DANCER.

 Qui se leue au matin,   &c.
Son amant le plus fin,
L'a bien-tost rencontrée.
  Ha ! vrayment.

 Son Amant le plus fin,   &c.
Elle couure son sein
En faisant l'estonnée.
  Ha ! vrayment.

 Elle couure son sein,   &c.
En luy baisant la main
Elle fit la pasmée.
  Ha ! vrayment.

 En luy baisant la main,   &c.
Et tomba tout soudain
Dessus vne ramée.
  Ha ! vrayment.

 Et tomba tout soudain,   &c.
Ie n'en veis pas la fin,
Car elle estoit couchée.
  Ha ! vrayment.

 Ie n'en veis pas la fin,   &c.
Mais je mangé mon pain,
Ie croy à la fumée
  Ha ! vrayment.

CHANSON

Philis vous mesprisez les feux De mon amour extresme, Chassez la rigueur de vos yeux S'il vo⁹ plaist qu'ô vous ayme: Faut-il mourir en vous aymant, Dittes, parlez franche-ment?

POUR DANCER.

Quoy? vous aymez la cruauté?
Comment est-il possible
De posseder tant de beauté
Et n'estre pas sensible?
    Faut-il:

Vos attraits, ce beau sein de lys
Sujet de mon martyre:
Vos yeux, adorable Philis,
M'ont contraint de vous dire
    Qu'il faut mourir en vous aymant
    Si ne parlez franchement.

Hé bien, voulez-vous arrester
Ce jugement estrange?
Heureux de me voir condamner
Par la bouche d'vn ange.
    Faut-il.

CHANSON

Edans nostre bergerie
Ie voy Philis tous les jours Exercer sa taille-
rie Aux despends de mes amours, C'est ce qui me
fait enuie D'honorer Siluie.

POVR DANCER.

    Il faut auoir trop de peine
Pour faire naistre vn desir
A cette belle inhumaine
Qui rid de me voir souffrir,
      C'est ce qui me fait enuie
      De seruir Siluie,

    Quelques fois dans vn silence
Ie suis contraint de blasmer
Mon cœur de trop d'inconstance
Estant indigne d'aymer :
      Ie cognois bien son enuie,
      C'est d'aymer Siluie.

    Elle sçait bien qu'elle est belle,
Pour moy je n'en doute pas :
Mais de faire la cruelle,
C'est ce que je n'ayme pas :
      Ie n'auray plus d'autre enuie
      Que d'aymer Siluie.

CHANSON

A Philis depuis vn jour, Ma Philis depuis vn jour Diſſimule ſon amour, Et m'en veut faire ẓc-croire: Mais chacun aura ſon tour, je cognois la bergere.

Qu'elle change à tous moments, bis.
Faisant par tout des amants
Ie ne m'en soucie guere,
Ils verront dans peu de temps l'humeur de la bergere.

Ie faits de l'indifferent : bis.
Mais mon feu trop violent
Ne permet que j'endure,
Philis auec tes galands me fera quelque injure.

CHANSON

EN verité si Philis, En verité si Philis
N'a rauy tous mes esprits, N'a ra-
uy tous mes esprits: J'ay quelque chose a luy dire Si je la trouue en secret, J'espere la
faire rire Si la chose a son effet.

POVR DANCER.

   Ie la voy venir de loin,   bis.
Ie croy qu'elle a du dessein,   bis.
Arrestez, belle bergere,
Qui vous fait doubler le pas?
Auez vous donc quelque affaire,
Dittes, ne le celez pas?

   Berger vn Loup rauissant,   bis.
M'a fait troubler tout le sang,   bis,
Laissez moy, je vous supplie,
Paracheuer mon chemin:
Ha! que je hay ces folies,
Ostez de là vostre main.

   Ie l'ay payé promptement,   bis.
Il n'est pas subtil galand,   bis.
S'il eust eu plus de courage,
En bonne foy ce mignon
Eust rauy mon pucelage:
Mais il s'amuse au teton.

CHANSON

Margot se plaignoit vn jour, Qu'on ne faisoit pas la cour Aux chãps comme à la ville, Et que Robin à l'amour N'estoit guere ha- bile.

POVR DANCER.

Elle dit que ses amis   bis.
La meneront à Paris
Mais qu'elle soit nourrice,
Robin dit que cét aduis
N'est qu'vn artifice.

Ce qui le fait enrager   bis.
C'est qu'il vid dans vn verger
Margot à la renuerse,
Qu'vn esueillé de berger
Vouloit mettre en perse.

Pour tromper ce curieux,   bis.
Margot se couure les yeux
Auecque sa chemise,
Tandis que son amoureux
La frappe où il vise.

DOVZIESME LIVRE.

CHANSON

Vsque icy j'estois de glace, Mais je vous veux raconter Qu'Amour pour me contenter A dans mon cœur pris sa place, Et que je m'estime heureux Qu'il m'a rendu amoureux.

POVR DANCER.

C'est pour la belle Siluie
Que j'ay maintenant des feux,
Ie luy addresse mes vœux,
Et luy consacre ma vie:
M'estimant bien plus heureux
Que les autres amoureux.

Sur le bord d'vne fontaine
Où j'admirois son esprit,
Amour par elle me prit,
Et je me rendis sans peine:
Car je m'estimay heureux
D'en deuenir amoureux.

Par sa beauté sans pareille
Elle sceut charmer mes yeux,
En fin pour en parler mieux
Ie la tiens vne merueille,
Et m'estime bien-heureux
D'en estre ainsi amoureux.

D ij

CHANSON

Margot que ton œil me plaist, Margot que ton œil me plaist, Tous autres me semblent laids Auprès de sa lumière: Le Soleil ne brille pas Comme tes diuins appas.

C'eſt de ta rare beauté   bis.
Qu'il emprunte la clairté
Qui nous paroiſt ſi belle :
Mais ton œil beaucoup plus beau
Luy fait cacher ſon flambeau.

L'Amour rauy de te voir,   bis.
Te donne tout le pouuoir
Qu'il auoit ſur les ames:
Les Dieux comme les mortelz
Font hommage à tes autelz.

CHANSON

L'Ay perdu ma Siluie, I'en suis tout esgaré, Le sort m'a deuoré Le plus beau de ma vie: Amour va requerir Ce qui me fait mourir.

J'abhorre le delice,
Ie fuis la gayeté,
Loin de cette beauté
Ie n'ay que du supplice.
Amour.

En despit du martyre
Que cause mon destin,
Ie veux jusqu'à la fin
Que mon cœur puisse dire
Amour.

Ialoux, nostre courage
Ne sçauroit s'esbranler,
Vous auez beau parler,
Vous creuerez de rage.
Amour.

CHANSON

Entre tous les amoureux Ne suis-je pas bien-heureux? Ma petite Michelon, Que tout le monde souhaitte, Outre sa grace parfaite A les beaurez d'Apollon.

POVR DANCER.

On ne void rien sous les Cieux
Qui soit esgal à ses yeux :
Son teint si vif & si beau,
Et sa peau si delicate
Font que sa blancheur esclatte
Comme le diuin flambeau.

Quel astre regne à la Cour
Qui fasse naistre l'amour :
Aminthe n'a plus d'appas
Doris deuient infidelle :
Mais Michelon toujours belle
M'aymera jusqu'au trespas.

CHANSON

Roche d'vn petit village
A l'ombre d'vn grand boccage
Non guere loin de Paris,
En pourmenant ma Cloris,
Ie chantois parmy les ombres, Aux creux de ces beaux valons,
Guillot ayme les Concombres, Et Perette les Melons.

POVR DANCER.

Ma Cloris me dit à l'heure
Quand j'eus acheué mon chant,
Mon Filandre que je meure
Si vous n'estes bien meschant
      De chanter parmy.

Vous songez à la malice
De blasmer cette chanson,
Cloris c'est vne injustice
D'empescher vn bon garçon
      De chanter parmy.

Vous auez mauuaise grace
De me tenir ces discours,
Philandre le jour se passe
Sans parler de nos amours
      Finissez parmy.

Cloris ma chere maistresse
J'approuue vostre raison,
Les chansons quand l'amour presse
Ne sont guere de saison.
      Finissons.

CHANSON

Silinde a beau soupirer,
Mon esprit las d'endurer,
Ie ne pense plus à elle,
A banny cette cruelle: Les caresses
de Dorinde M'ont fait oublier Silinde.

Pendant que de nouueaux feux
Font de mon cœur leurs victimes,
Les larmes de ses beaux yeux
Seruent à lauer son crime.
    Les careſſes.

Rigoureuses loix d'amour
Dois-je suiure la volage?
Ou bien regretter le jour
Qu'elle me mit en seruage?
Non, il faut seruir Dorinde,
Et laisser pleurer Silinde.

CHANSON

La sepmaine passée Vn homme vint a moy, Sans me dire pourquoy Sous luy m'a renuersée: Pour vn coup par ma foy En dois-je estre offensée?

Ie criois à ma mere
Le voyant tout de feu :
Mais ma foy dans vn peu
I'appaisay sa colere :
Car vn coup à ce jeu
C'est tout ce qu'il peut faire.

Me plaignant à ma tante,
Elle me dit helas !
Tu sçais ce gros Colas
Qui me doit vne rente,
A ce jeu ne peut pas
Contenter mon attente.

Auant que de se rendre
Dans les bras d'vn amant,
Faut qu'il fasse serment
De sçauoir bien comprendre :
Car ce jeu laschement
Ne sçauroit s'entreprendre.

CHANSON

Ntre les jolis ani-
maux Que produit la nature, Pour le soulagement des maux Qu'vn amoureux endure,
Rien n'est si gentil qu'vn co- nin Que l'on appriuoi-
se à la main.

POVR DANCER. 33

   Ces beaux oiseaux dont on fait cas
Pour leur plume & ramage,
Messieurs, ne diuertissent pas
Vn esprit en seruage,
      Comme vn gentil petit connin
      Que l'on appriuoise à la main.

   On ne peut luy donner de prix,
Rien n'est si domestique,
Les chiens, les chats ne sont cheris
Que du melancholique.
      Rien n'est.
Vous qui cherchez les amitiez
Dans le milieu des flames,
Prenez les connins à deux pieds
Pour contenter vos ames,
      C'est vn gay diuertissement
      Que d'en auoir vn seulement.

DOVZIESME LIVRE.   E

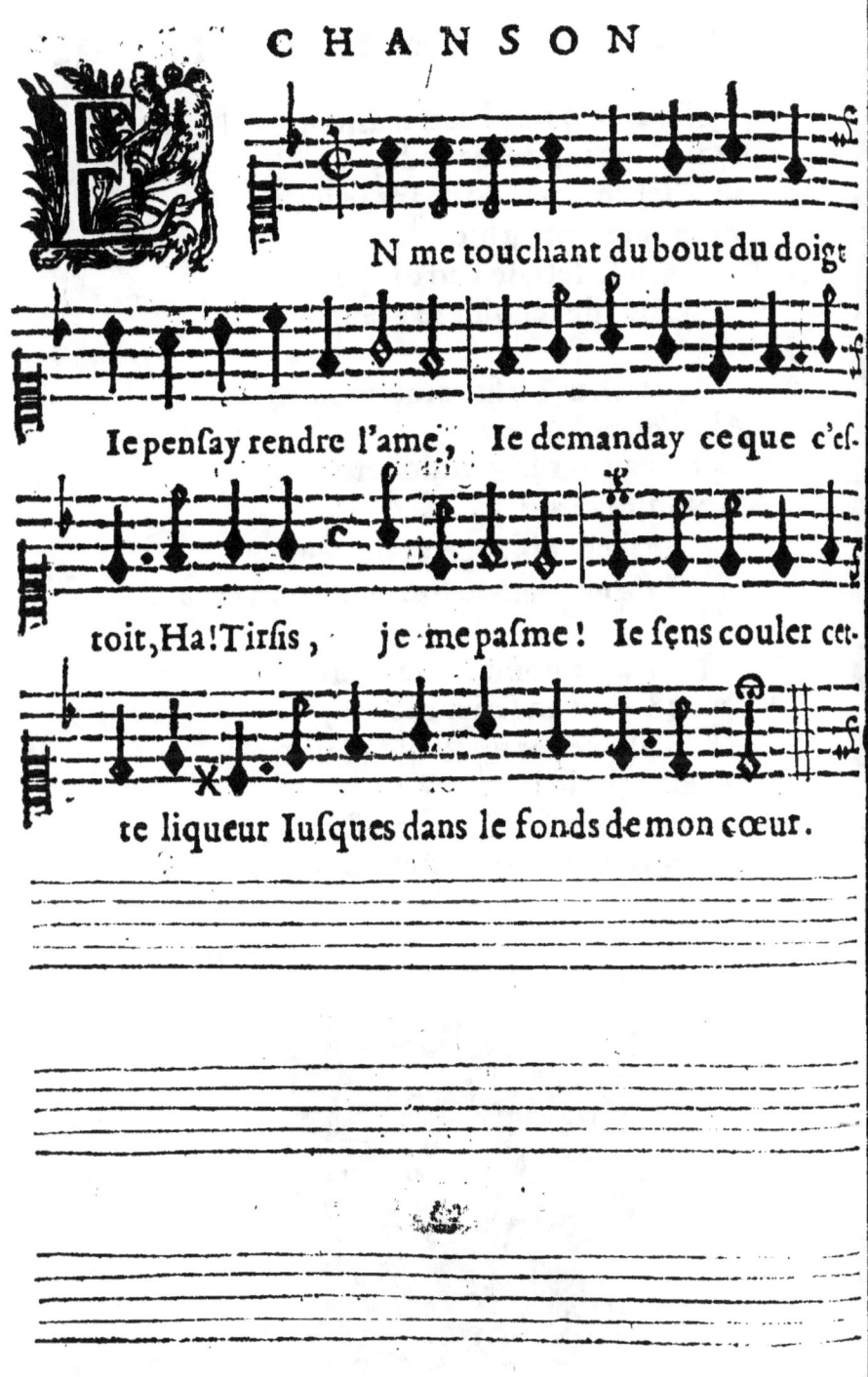

Siluie, c'est de l'eau d'amour
Qui n'a point de seconde,
Le Ciel en nous donnant le jour
En fit present au monde :
    On se sert de cette liqueur
    Afin de resioüir le cœur.

   Mon cher Tirsis te mocque tu
Ainsi de ta Siluie ?
Cette eau par sa grande vertu
Me rauira la vie.
    Ie sens couler cette liqueur
    Iusques dans le fonds de mon cœur.

   N'en ayez point de desplaisir
Quand vous en seriez morte,
Hé ! n'est-ce pas vn grand plaisir
De mourir de la sorte ?
    Ha ! ma Siluie, mon soucy,
    Mourons, mourons toujours ainsi.

CHANSON

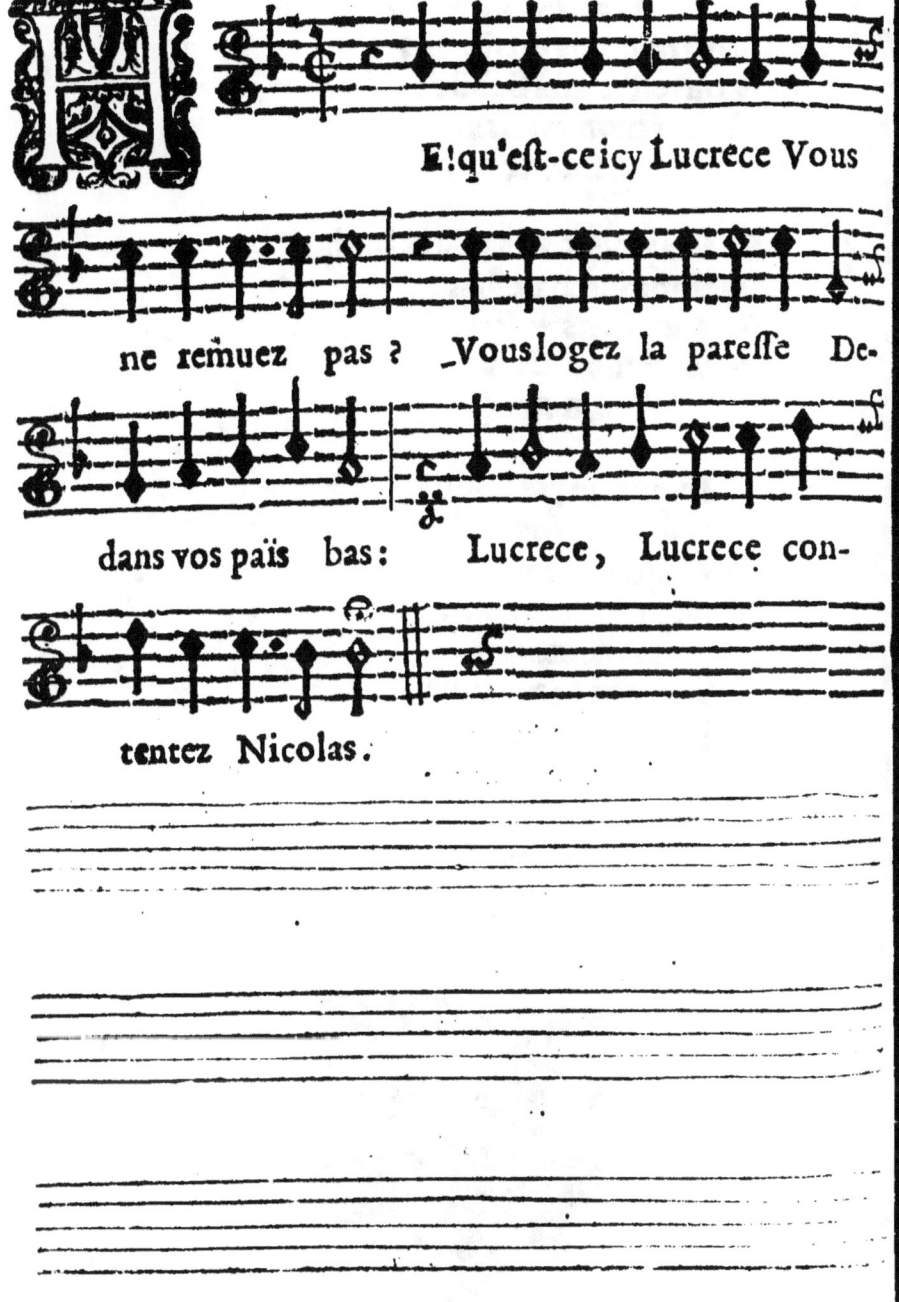

H E! qu'eſt-ce icy Lucrece Vous ne remuez pas? Vous logez la pareſſe Dedans vos païs bas: Lucrece, Lucrece contentez Nicolas.

Vous faites l'immobile,
Voſtre corps eſt-il las?
Vous eſtes mal habile
A tirer mon matras:
   Lucrece.

Vrayment vous eſtes indigne
Des amoureux eſbas,
Ie veux dans voſtre vigne
Planter mon eſchalas.
   Lucrece.

Ie pouſſe, je remuë,
I'attaque voſtre cas:
Ainſi qu'vne tortuë
Vous allez pas à pas.
   Lucrece.
Sus courage mamie,
Eſpargnez vous les draps?
Vous faites l'endormie,
Et ne reſpondez pas.
   Lucrece.

E iij

DE ROSIERS. CHANSON

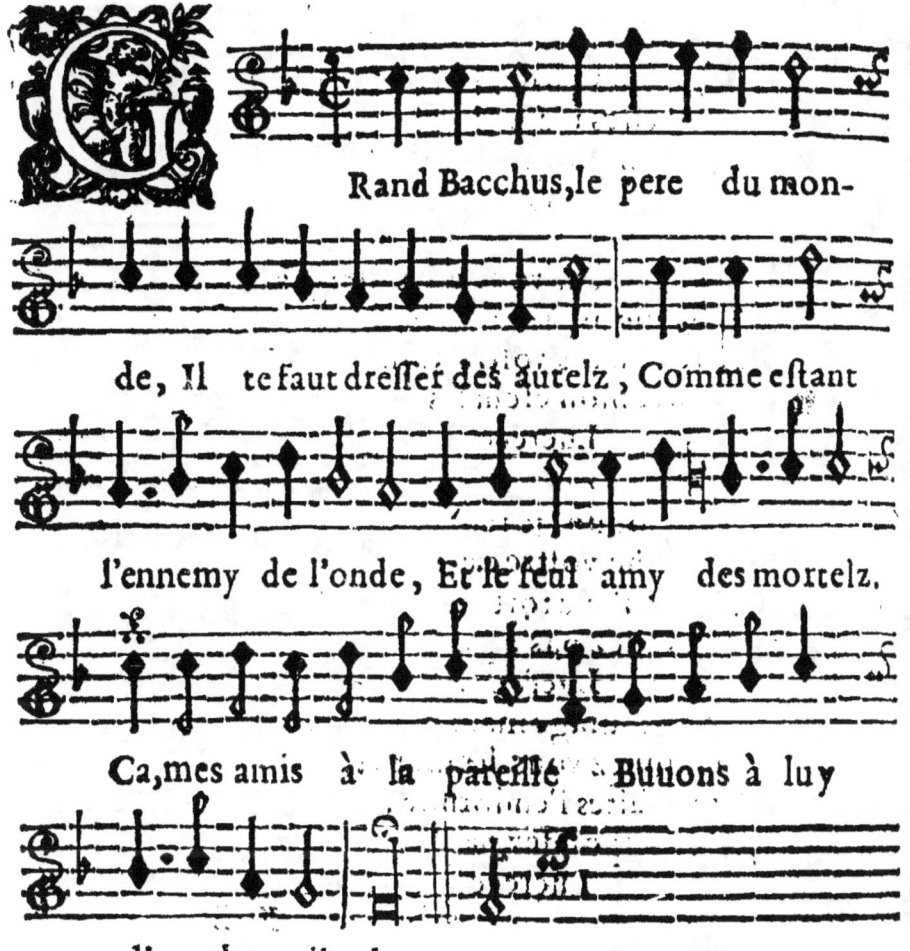

Rand Bacchus, le pere du monde, Il te faut dresser des autelz, Comme estant l'ennemy de l'onde, Et le seul amy des mortelz. Ca, mes amis à la pareille Buuons à luy d'vne bouteil- le.

Sans luy tout iroit en ruine,
On ne feroit aucuns amis,
Les maisons seroyent sans cuisine,
On se fuiroit comme ennemis.
   Ca, mes amis,

POVR BOIRE.

GRand Bacchus, le pere du monde, Il faut te dresser des autelz, Comme estant l'ennemy de l'onde, Et le seul amy des mortelz: Ca, mes amis à la pareille Buuons à luy d'vne bouteil-le.

Bacchus ne veut que l'auarice
Reigne parmy tous les supposts,
Quand on luy fait vn sacrifice,
Faut que l'encens soit dans les pots.
    Ca, mes amis.

Dedans l'empire de Bacchus On n'y cognoit que le delice, On n'y parle point des escus, Ny de prester, ny d'auarice: On ne parle que de joüir De tout ce qui peut rejouïr.

  Si l'on a quelque different
  On le vuide auecque le verre,
  Et Bacchus est toujours garant
  Des accidents de cette guerre,
  Si par hazard quelqu'vn se bat
  C'est contre vn pot, ou contre vn plat,

POVR BOIRE. 37

Edans l'empire de Bacchus On n'y cognoit que le delice, On n'y parle point des escus, Ny de prester, ny d'auarice; On ne parle que de jouïr De tout ce qui peut rejouïr.

Ce pere qui nous a montré
De la façon qu'il nous faut viure,
Il n'a jamais mieux rencontré
Que lors qu'il s'alla coucher yure:
Toutes les fois qu'il m'en souuient
En mesme temps la soif me vient,

E V

DE ROSIERS. CHANSON

Si on boit du matin
On marche en asseurance,
Et jamais rien n'offense
Quand on a pris du vin.
    Et si tost.

POVR BOIRE. 38

Eux qui voudront joüir des
plaisirs de la vie, Il faut auoir enuie
de se bien rejoüir : Et si tost qu'on s'esueille
Faut crier la bouteille.

  Lors que j'ouure les yeux,
Si l'on me donne vn verre,
Il n'est point sur la Terre
Vn homme plus joyeux.
  Et si tost.

DE ROSIERS.   CHANSON

'Est-ce pas le vin qui rejouït le cœur, Mon ame est rauie de cette liqueur? Chers amis passons dedans ce déduit Le jour & la nuit.

L'homme est bien joyeux alors qu'il boit d'autant,
Le jus de la treille le rend bien content.
Chers amis.

C'est le Dieu Bacchus qui chasse le soucy,
Il est miserable qui ne vit ainsi.
Chers amis.

POVR BOIRE. 39

'Est-ce pas le vin qui rejou-
ït le cœur, Mon ame est rauie de cette liqueur. Chers amis passons dedans ce déduit Le jour
& la nuit,

Boire à tous moments est vn plaisir diuin,
Lors que je m'escrie, je crie du vin.
Chers amis.

Bannissons de nous ces foibles ceruaux,
Leur ceruelle nage toujours dedans l'eau
Chers amis.

DE ROSIERS. CHANSON

Errez vous vn pauure hydropi-
que Qui demande sa guerison, Si vous a-
uez de la raison, Helas! qu'vn peu d'honneur vous
pique, Despechez de le secourir, Ou
bien il luy faudra mou-rir.

Depuis qu'il a l'hydropisie
Il a couru tout l'Vniuers,
Et tant de remedes diuers
Ont augmenté sa maladie.
Despechez.

POVR BOIRE. 40

Errez vous vn pauure hydropi-
que Qui demande sa guerison, Si vous a-
uez de la raison, Helas! qu'vn peu d'hôneur vous
pique, Despechez de le secourir Ou
bien il luy faudra mou-rir.

Amy il faut prendre ce verre,
A boire ce qui est dedas
Il faut craindre les accidents,
De peur qu'il ne tombe par terre.
. Despechez.

DE ROSIERS.   CHANSON

Que faisons nous mes chers amis, Et quoy nous sommes endormis? Le vin, Le vin, Le vin s'aigrit dans les bouteilles: Ca, ça, resueillons nostre cœur, Et faisons voir par nos merueilles Que nous Que nous auons Que nous auons de la vigueur.

Est-il pas vray que le repas
Si l'on ne chante est sans appas?
Il faut contenter les oreilles.
    Ca, ça.

POUR BOIRE.

Ve faisons nous mes chers amis, Et quoy nous sommes endormis ? Le vin, Le vin, Le vin s'aigrit dans les bouteilles : Ça, ça, resueillons nostre cœur, Et faisons voir par nos merueilles Que nous Que nous auons Que nous auons de la vigueur.

    Lors que l'on a de fort bon vin
Il faut toujours dans le festin
Prier pour la santé des treilles.
    Ça, ça.

DOVZIESME LIVRE.

DE ROSIERS. CHANSON

'Est-il pas vray que la tristes-
C'est par là que nostre foibles-
se Est la ruïne de nos corps?
se Peuple le royaume des morts: Amis
pour conseruer la vie, Bannissons la melancolie.

Vn resueur à la mine sombre,
Et sa teste est pleine de vents,
Au lieu d'vn corps, ce n'est qu'vn vmbre
Qui rode parmy les viuants.
                    Amis.

POUR BOIRE. 42

N'Est-il pas vray que la tristesse Est la ruine de nos corps?
C'est par là que nostre foibles-
se Peuple le royaume des morts:
Amis, pour conseruer la vie Bannissons la mé-
lancolie.

Vn buueur porte dans sa trongne
Le miroir de la volupté,
Il faut respecter vn yurongne
Comme vn homme de qualité.
Amis,

F ij

DE ROSIERS. CHANSON

Maison de la Villette. Tu as tasuy mes yeux, Tu es la plus parfaite Qui soit en ces bas lieux: Tu possede des charmes, Et ton sejour diuin Me fit verser des larmes, Mais des larmes de vin.

Lors que je vis paroistre
Tant de rares beautez,
Mon esprit pensoit estre
Dans ces lieux enchantez:
Dedans le delectable
On ne void rien de mieux,
Et l'on boit à ta table
Le doux nectar des Dieux.

Mon ame fut rauie,
Et ta douce liqueur
Mit le nom de Siluie
Au milieu de mon cœur.
O maison sans pareille!
Ie te donne ma voix,
Tu passe en ta merueille
Tous les Palais des Roys.

POVR BOIRE.

Maison de la Villette Tu as rauy mes yeux, Tu es la plus parfaite Qui soit en ces bas lieux : Tu possede des charmes, Et ton sejour diuin Me fit verser des larmes, Mais des lar- mes de vin.

Bacchus dieu de la Terre,
Fais que cette maison
Garde toujours mon verre,
Et qu'en toute saison
Vne joye parfaite
Tesmoigne mes plaisirs,
Que ce soit la Villette
Qui borne mes desirs.

DE ROSIERS. CHANSON

A! que ce bon vin a d'appas, Tesmoignons dedans ce repas Que nostr'am'est rauie, Bannissons le soing des escus, Heureux qui pour le dieu Bacchus Abandonne sa vie.

N'est-il pas vray que nos desirs
Doiuent s'attacher aux plaisirs
Que l'on gouste à la table?
Qu'en dis-tu cher amy Duret,
Confesse que le Cabaret
Est vn lieu delectable?
  Depuis que tu ne goinfre plus
Tes membres deuiennent perclus,
Ton ame est esgarée,
Rentre sous les loix du bouchon,

POVR BOIRE.

HA! que ce bon vin a d'appas,
Tesmoignons dedans ce repas
Que nostre ame est ra-
uie, Bannissons le soing des escus, Heureux qui pour le dieu Bacchus Abandonne sa
vi- e.

Il vaut mieux voir vn gras torchon
Qu'vne nappe dorée.
 Destache les nœuds qui t'ont pris,
Et pour remettre tes esprits
C'est Bacchus qu'il faut suiure :
Quitte, quitte ces sots desseins,
Tes pensers sont les assassins
Qui t'empeschent de viure.

DE ROSIERS.   CHANSON

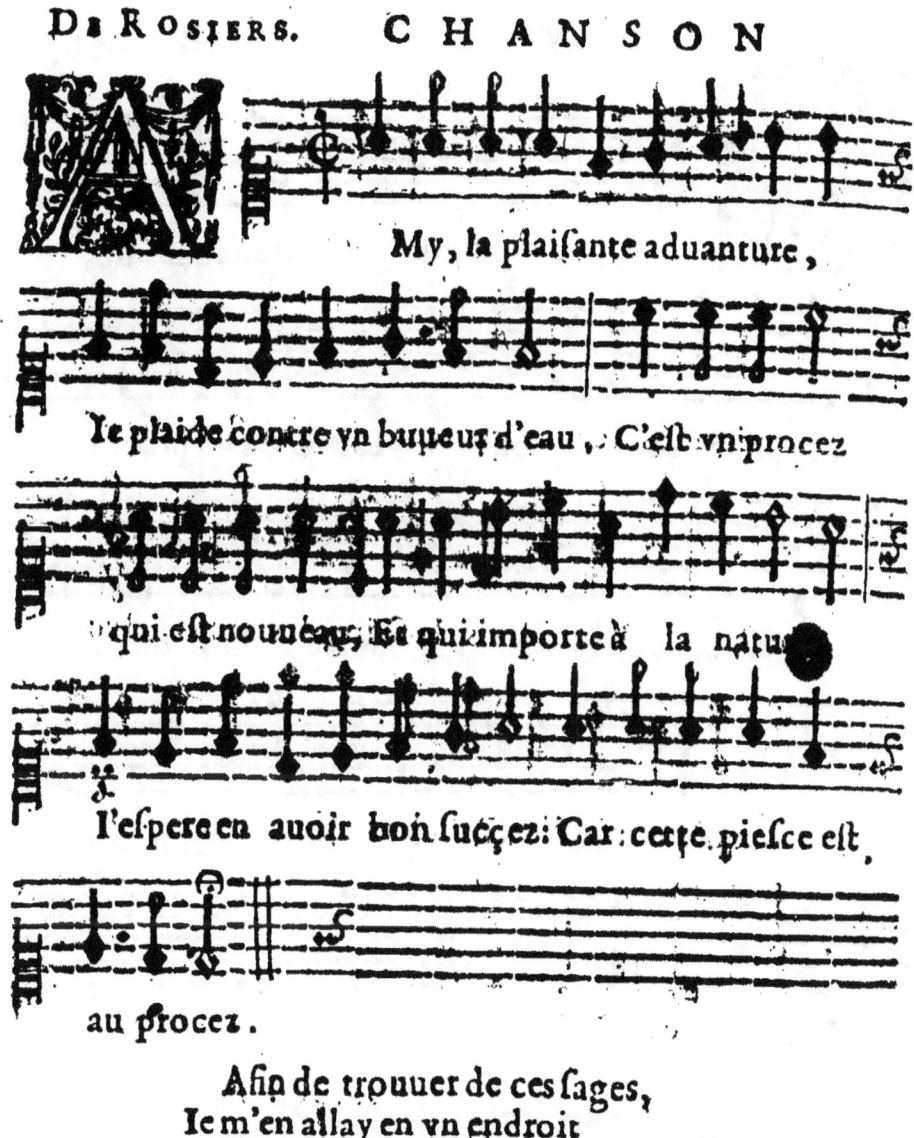

A My, la plaisante aduanture,
Ie plaide contre vn buueur d'eau, C'est vn procez
qui est nouueau, Et qui importe à la natu-
I'espere en auoir bon succez: Car cette piesce est
au procez.

  Afin de trouuer de ces sages,
  Ie m'en allay en vn endroit
  Où je sçauois bien que le droit
  Est cité dans tous ses passages.
    I'espere.
  Vn jeune uorton du deluge
  A l'insolence de parler,
  Disant qu'il veut faire reigler
  Le vin & l'eau deuant le Iuge.
    I'espere.

POVR BOIRE. 45

A My, la plaisante aduanture,
Ie plaide contre vn biureur d'eau, C'est vn procez
qui est nouueau, Et qui importe à la nature:
I'espere en auoir bon succez, Car cette piesce est
au procez.

  Le plus ancien prit la parole,
  Vostre plaidoyer est tout prest,
  Et vous trouuerez vostre arrest
  Dedans Cujas, ou dans Barthole.
    I'espere.

          F V

DE ROSIERS. CHANSON

Mis faut aymer la bouteil-
le Côme vn presant qui vient des Cieux, Elle rend vn
jus precieux, Dont la vertu, est sans pareille :
Afin   Afin, d'auoir l'esprit diuin. Il faut suiure Il faut suiure Il faut suiure toujours le vin.

  O jus que tu es delectable !
  C'est toy qui chasse nos ennuis,
  C'est toy qui fais passer les nuicts
  Dedans vn sommeil agreable.
    Afin.
  Ce jus gouuerne tout le monde,
  Il fait la paix & les combats,
  Il est aymé des Potentats,
  Il accorde la Terre & l'Onde.
    Afin.

POVR BOIRE.

A Mis faut aymer la bouteil-
le Cōme vn present qui vient des Cieux, Elle rend vn
jus precieux   Dont la vertu   est sans pareille:
Afin d'auoir l'esprit diuin   Il faut suiure
Il faut suiure, Il faut suiure toujours   le vin.

Pere, dont la vertu insigne
A bien sçeu les ondes brauer,
Si le Ciel t'a voulu sauuer
C'estoit pour nous planter la vigne,
Afin.

DE ROSIERS. CHANSON

Ve le foucy s'en aille au diable,
Ie tiens l'hôme bien miferable
Maudit foit-il qui le fuiura,
S'il ne le fuit tant qu'il viura. Buuons amis,
Ie vous conuie De toujours bien paſſer
la vie.

Celuy qui au chagrin s'attache
Ne ſçauroit viure qu'à demy,
Et c'est auoir le cœur bien lafche
Que de cherir fon ennemy.
Buuons

Ie n'ayme point ces frenetiques,
Ces auortons de Lucifer,
Ce n'eſt que pour ces flegmatiques
Que fut jadis baſty l'Enfer.
Buuons.

POVR BOIRE.   47

Ve le soucy s'en aille au
Ie tiens l'hôme bien mise-

diable, Maudit soit-il qui le suiura,   Bu-
rable S'il ne le fuit tant qu'il viura.

uons amis, Ie vous conuie   De toujours bien

passer la vie.

  Vn buueur d'eau est detestable,
  On le doit par tout rejetter,
  S'il en vient vn à cette table
  Le Diable le puisse emporter.
    Buuons.

TABLE
DV DOVZIESME LIVRE.

A
Minthe de qui la beauté.   fueil. 11
B
Bien qu'Isabelle ma voisine.   5
C
Cloris dont les yeux sont si doux.   9
D
Dedans nostre bergerie.   22
Diane me tient sous sa loy.   17
E
En fin j'ay dompté son courage.   7
En me touchant du bout du doigt.   34
Estant auec ma Philis.   19
Entre tous le amoureux.   29
Entre les jolis animaux.   33
En verité si Philis.   24
H
Hé! qu'est-ce icy Lucrece.   35
I
I'admire le dessein.   20
I'ayme vne bergere.   15
I'ay perdu ma Siluie.   18
Ie n'adore plus ces beautez.   50
Iusques icy j'estois de glace.   26
L
La sepmaine passée.   32
M
Margot dedans ce village.   16
Margot que ton œil me plaist.   27

TABLE.

Margot se plaignoit vn jour.	35
Ma Philis depuis vn jour.	23

P

Philis quittez vostre rigueur.	3
Philis a des appas.	12
Philis quoy qu'vn peu brunette.	14
Philis vous mesprisez les feux.	21
Pourquoy brusler dedans l'ardeur.	4
Proche d'vn petit village.	30

Q

Que si je me rids d'vn amoureux.	8
Quoy? pensez vous belle Cloris.	6

S

Silinde a beau soupirer.	31

T

Tous nos bergers.	18

V

Voulez vous donc belle inhumaine.	13

CHANSONS A BOIRE

Amy la plaisante aduanture.	45
Amis, faut aymer la bouteille.	46
Ceux qui voudront joüir.	38
Dedans l'empire de Bacchus.	37
Grand Bacchus, le pere du monde.	36
Ha! que ce bon vin a d'appas.	44
Maison de la Villette.	43
N'est-ce pas le vin.	39
N'est-il pas vray que la tristesse.	42
Que faisons nous, mes chers amis.	41
Que le soucy s'en aille au Diable.	47
Verrez vous vn pauure hydropique.	40

FIN.

EXTRAIT DV PRIVILEGE

AR LETTRES PATENTES DV Roy données à sainct Germain en Laye le vingt-neufiesme jour d'Auril, l'An de grace Mil six cens trente-sept, & de nostre reigne le vingt-septiesme. Signées, LOVIS, & sur le reply, PAR LE ROY. DE LOMENIE. & à costé est escrit Visa, Scellées du grand sceau de Cire verte en lacs de soye rouge & verte. Il est permis à Pierre Ballard, seul Imprimeur de la Musique de sa Majesté, d'imprimer, faire imprimer, vendre & distribuer toute sorte de Musique tant vocale, qu'instrumentale, de tous Autheurs: nonobstant toutes autres Lettres à ce contraires. Faisant defence à toute autres personnes de quelque condition & qualité qu'ils soyent, d'entreprendre d'imprimer aucune sorte de Musique, tant vocale, qu'instrumentale, de quelque Autheurs que ce soit, ny mesme tailler, ny fondre aucuns Caracteres de Musique sans le congé dudit Ballard, à peine de Six mile liures d'amende, ainsi qu'il est plus amplement declaré esdittes Lettres. Saditte Majesté voulant aussi qu'à l'Extrait d'icelles mis au commencement ou fin de chacun des liures imprimez, foy soit adjoustée comme à l'original, & soyent tenuës pour bien & deuëment signifiées à tous qu'il appartiendra. Et en cas de contrauention aux dittes Lettres, s'en est saditte Majesté reseruée & à son Conseil la cognoissance: faisant defence à tous autres Iuges en cognoistre.

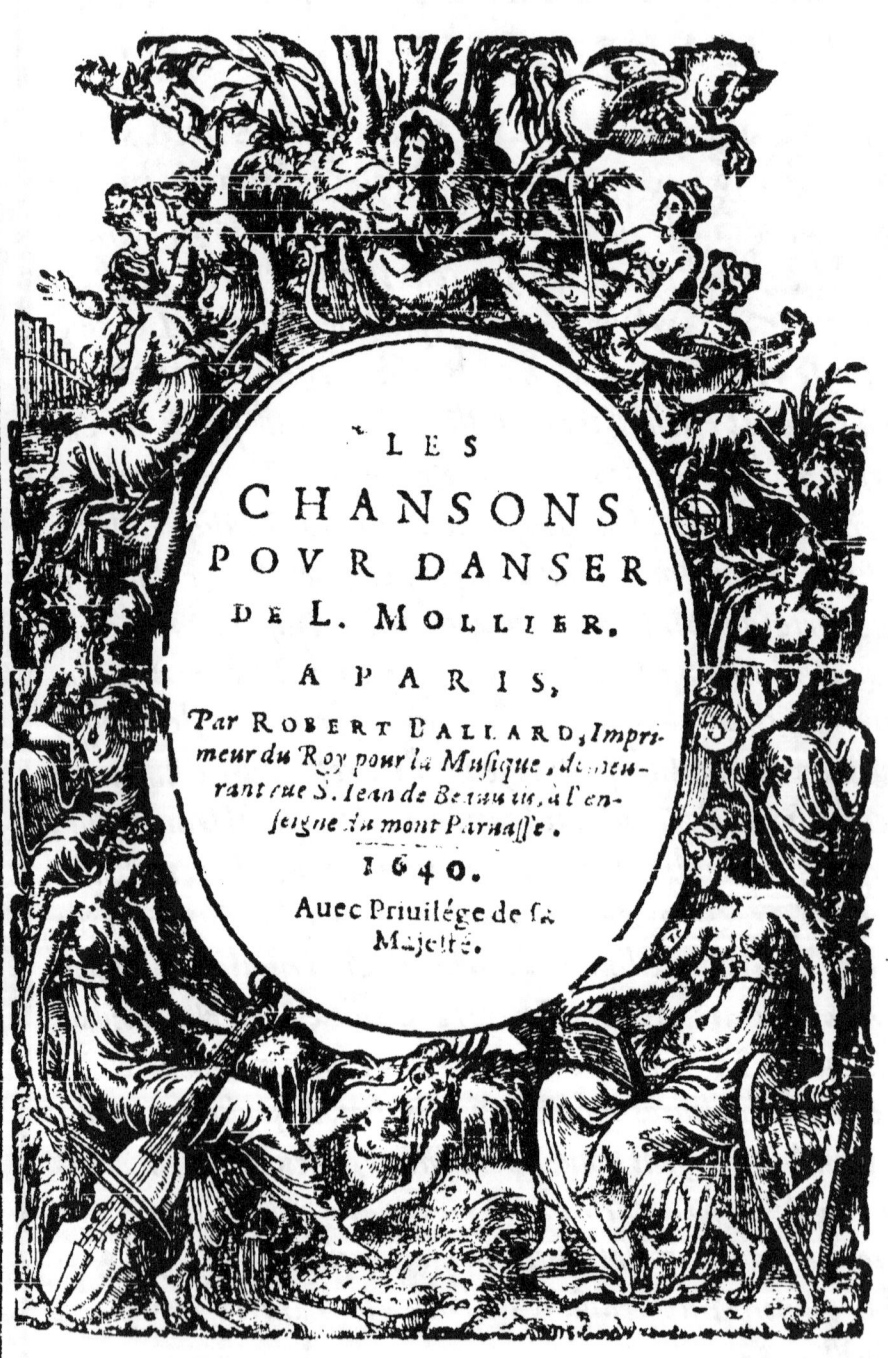

LES CHANSONS POVR DANSER DE L. MOLLIER.

A PARIS,

Par ROBERT BALLARD, Imprimeur du Roy pour la Musique, demeurant rue S. Iean de Beauuais, à l'enseigne du mont Parnasse.

1640.

Auec Priuilége de sa Majesté.

CHANSONS
POVR DANSER.

Ans regret quittant la Cour,

M'ostant de cét esclauage:

Ie m'en vays droit au vilage, Ou je veux fai-

re l'amour: Ie me donneray plai- sir Sans crain-

te de repentir.

POVR DANSER.

Ie ne sçaurois rechercher
Ces filles tant inhumaines:
Car si quelque-fois vos peines
Gaignent leurs cœurs de rocher,
    Bien souuent vostre plaisir
    Est suiuy de repentir.

Ie suis traicté sans rigueur
Par vne jeune bergere,
Et qui sans estre legere
M'a fait vn don de son cœur:
    Elle me donne plaisir
    Sans crainte de repentir.

Lors que nous sommes tous deux
Assis dessus l'herbe verte,
Luy voyant la gorge ouuerte
Elle allume tous mes feux,
    Et lors je prends mon plaisir
    Sans crainte de repentir.

Tous ces jeunes Courtisans
Font l'amour auecque crainte,
Moy je le faits sans contrainte
Ne craignans les medisans:
    Ainsi je prends mon plaisir
    Sans crainte de repentir.

CHANSON

MA foy si Aminthe est belle, Elle est bien cruelle aussi, Ie suis trompé si pour elle Ie me donne du soucy: Ie la cede à qui la voudra, Et j'aymeray qui m'aymera.

Aussi-tost que je la touche
Elle accuse mon dessein
De vouloir baiser sa bouche,
Ou la blancheur de son sein :
    Mais quoy qu'ils aist beaucoup d'appas
    Par ma foy je n'y songe pas.

Elle craint que l'on l'approche
Pour se plaindre des tourments
Que cette insensible roche
Fait souffrir a tous moments.
    C'est pourquoy je ne puis l'aymer,
    Vn autre objet sçait me charmer.

Celle qui cause ma flâme
Correspond a mon humeur,
Si je luy donne mon ame,
Elle me donne son cœur :
    Ainsi elle suit mon desir,
    Et si je meurs c'est de plaisir.

CHANSON

Beau sujet de mon tourment!
Aymable Siluie! Considere en ce moment
L'estat de ma vie: Viens me secourir,
Ou je vays mourir?

POVR DANSER.

Ie voudrois diffimuler
Ma douleur extrefme :
Mais je ne la puis celer
N'eſtant plus moy mefme :
    Viens me ſecourir,
    Où je vais mourir?

Ie ſçay qu'en me declarant
Ie te fais injure :
Mais mon cœur en ſoupirant
Montre que j'endure.
    Viens me.

Apres tant de maux ſoufferts
Soulage ma flâme,
Et me voyant dans les fers
Preſt à rendre l'ame.
    Viens me.

A. iiij

CHANSON

A beauté pour qui je brusle, Et dont
je suis amoureux: Pour me rendre malheureux
Fait gloire d'estre incredulle: Plus je luy faits
des serments, Moins elle croit mes tourments.

J'ay beau luy jurer sans cesse
Qu'elle engage ma raison,
Et qu'estant dans sa prison
Je sens vn mal qui me presse.
    Plus je luy.

Bien qu'elle cause ma peine,
Et que j'ayme ses appas;
L'ingratte ne le croit pas,
Et m'est toujours inhumaine,
    Plus je luy.

Auray-je la recompense
De tant de fidelité?
Si son incredulité
Fait que mon discours l'offence:
    Plus je luy.

CHANSON

VN grand malheur est arrivé
Depuis peu dans nostre vilage, C'est qu'Alison
sur le paué Tombant fit montre d'vn visage,
Qui nous rendit tous estonnez De ce qu'il n'auoit
point de nez.

POVR DANSER.

Il nous dit vn mot en passant
Qui nous fit tous pasmer de rire,
Et son parler si languissant
Nous contraignit enfin de dire,
 Que nous estions bien estonnez
 D'ouïr ce visage sans nez.

Ie vous puis jurer sur ma foy
Qu'il est fait d'vne estrange forme,
Si vous l'auiez veu comme moy
Vous le trouueriez tout difforme,
 Et demeureriez estonnez
 De voir ce visage sans nez

CHANSON

V'vn amoureux à de pèine De languir en soupirant, S'il vit ce n'est qu'en mourant, Et c'est chose tres certaine Que l'Amour & son flambeau Le mettent dans le tombeau.

S'il à vn moment de joye,
Il à trois jours de douleurs,
Versant vn fleuue de pleurs,
Ou tout son plaisir se noye,
   Et l'Amour & son flambeau
   Le mettent dans le tombeau.

Il est dans la seruitude,
Et ne s'en peut retirer,
Celle qu'il veut adorer
Le tient dans l'incertitude:
   Si l'Amour & son flambeau
   Le conduiront au tombeau.

Il à dans son cœur vn hoste
Qui quelque-fois le remet,
C'est l'espoir qui luy promet
Ce que son malheur luy oste:
   Car l'Amour & son flambeau
   Le mettent dans le tombeau.

CHANSON

A Quoy nous sert d'aymer Cloris, A quoy nous sert d'aymer Cloris, Ses yeux sont tous pleins de mespris, Et chacun dit en verité, Qu'elle n'a pas plus de beauté Qu'elle à de cruauté.

Iugés par là si le trespas   bis.
Doit en tous lieux suiure nos pas,
Puis que l'on dit en verité
    Qu'elle n'a pas plus de beauté
    Qu'elle à de cruauté.

Nous resoudrons nous à souffrir?   bis.
Sa rigueur nous fera mourir,
Puis que c'est vne verité
    Qu'elle n'a pas plus de beauté
    Qu'elle à de cruauté.

Il faudra donc finir nos jours   bis.
Sans esperance de secours,
Puis que Cloris en verité
    Rend son extresme cruauté
    Esgale à sa beauté.

CHANSON

J'Esperois bien qu'Amaranthe Me contenteroit vn jour: Mais cette adorable amante Se mocque de mon amour: Car plus je brusle pour elle Plus elle est cruelle.

POVR DANSER.

Son humeur est si farouche,
Que je souffre mon tourment
Sans oser ouurir la bouche
Pour me plaindre seulement:
   Car plus je brusle pour elle,
   Plus elle est cruelle.

Si sa rigueur continuë,
Et possede ainsi son cœur,
Dont l'inconstance me tuë,
Ie dis viuant en langueur,
   Que si elle est si cruelle
   Ie mourray pour elle.

CHANSONS A DANSER.

CHANSON

VN jour la belle Ianneton Dormant à l'ombre d'vn boccage, Mit à descouuert son teton, Et me fit tenir ce langage, Ha! ma belle, je meurs d'amour, Ie brusle la nuit & le jour!

En cét estat je l'a surpris,
Et la baisé tout a mon aise,
Elle resueillant ses esprits
Me dit pour esteindre ma braise,
　　Tout beau, monsieur, retirez vous,
　　O dieux ! que dira-t'on de nous ?

Soulagez vn peu mon tourment,
Luy dis-je en me r'aprochant d'elle,
Reçeuez moy pour vostre amant,
Ie vous seray toujours fidelle,
　　Autrement vous aurez grand tort:
　　Car me refusant, je suis mort.

CHANSON

Il faut confesser que Carite Est seule parfaitte en beauté, Sans la flatter elle merite De passer pour diuinité: Car elle à des feux dans les yeux Capables de charmer les dieux:

POVR DANSER.

Elle rauit par son langage,
Tous ses appas sont si charmants
Qu'vn seul des traits de son visage
Luy fait naistre miles amants :
    Car les feux qui sont dans ses yeux
    Bruslent les hommes & les dieux.

On peut dire que la nature
Rend son teint esgal en tout temps :
Car malgré toute la froidure
On y void toujours le printemps,
    Et les feux qui sont dans ses yeux
    Bruslent les hommes & les dieux.

Le Ciel qui l'a faite si belle,
La pourueuë de tant d'attraits,
Que nul mortel n'approche d'elle
Sans estre blessé par ses traits :
    Car vn seul regard de ses yeux
    Peut enchanter mesme les dieux.

CHANSON

Ne brune me fait la loy, V-
ne bru- ne me fait la loy, Ses yeux, & son teint
sur ma foy Ont fait naistre ma flame: Ie brusle &
ne suis plus à moy, Ie suis à cette da-me.

Dez le moment que sa beauté   bis.
M'osta toute ma liberté,
Ie me teins aupres d'elle :
Cherissant la captiuité
D'vne prison si belle.

Ie l'ayme au milieu de mes fers,   bis.
Et luy proteste par ces vers
Qu'elle est vne merueille,
Et que dans ce grand Vniuers
Il n'est point sa pareille.

CHANSON

Epuis deux jours je sçay que
Baise souuent mon mary
ma Seruante & s'en vante: Mais si je voy que cela continuë, Ic la mettray bien-tost dedans la ruë.

POVR DANSER.

Quand mon mary est tout seul auec elle,
Il meurt d'amour tant il là trouue belle :
Mais si je voy que cela continuë
Ie la mettray bien-tost dedans la ruë.

Elle sourid alors qu'il la regarde :
Mais desormais j'y prendray si bien garde,
Que si je voy que cela continuë
Ie la mettray bien-tost dedans la ruë,

Ie donneray bon ordre a cét affaire,
Et vous diray ce que je luy veux faire :
Si plus long-temps cét amour continuë
Ie la battray au milieu de la ruë.

B v

CHANSON 1

E m'oste du nombre des folles
Qui sont cruelle à leur amant, Pour moy je veux viure en aymant, Et dire toujours ces parolles,
Cher amour, je me donne à toy, Tu as seul tout pouuoir sur moy.

Ie m'estime la plus heureuse
Qui soit dedans toute la Cour,
D'estre deuenuë en vn jour
Si parfaittement amoureuse,
 Et que l'Amour à eu sur moy
 Tout pouuoir d'engager ma foy.

Si je donne beaucoup de flâmes,
Mon cœur en reçoit bien aussi,
Amour cause tout mon soucy,
C'est luy qui a charmé mon ame:
 Et je vous jure sur ma foy
 Qu'il à seul tout pouuoir sur moy.

CHANSON

Belle, commencez je vous prie
A baiser, car il en est temps, La danse n'est qu'une folie Si les desirs ne sont contents, Et je cesserois de danser, Si je n'esperois de baiser.

Ie cognois bien à vostre mine
Que vous baisez assez souuent :
Vne beauté toute diuine
Vous fait la loy asseurement :
    Mais chassez de vous le soucy,
    Et baisez quelque fille icy.

A vostre bonne humeur, madame,
Chacun juge bien que l'Amour,
A tout pouuoir dessus vostre ame,
Et vous possede nuict & jour :
    Mais tous ces mots sont superflus
    Baisez qui vous plaira le plus.

Monsieur, il est bien raisonnable
Que vous baisiez à vostre tour,
Puis qu'il n'est rien de plus aymable
Que les delices de l'Amour,
    Depeschez vous donc vistement
    De prendre vn baiser seulement.

Vous auez la mine friande,
Quand on vous touche vous riez :
Et ce que vostre cœur demande
Sont des baisers bien appuiez :
    Mais ce discours est importun,
    Depeschez vous, donnez en vn.

Ie n'ay que faire de vous dire
Qu'il faut aussi que vous baisiez :
Car se vous seroit vn martire
Si bien-tost vous ne le faisiez :
    Executez vostre dessein
    Sur la blancheur de quelque sein

CHANSON

Ma foy vous estes bien fachée
De ce que vous ne baisez pas,
Vostre ame en est si fort touchée
Qu'elle en receuroit le trespas :
    Si quelqu'vn pour vous appaiser
    N'auoit de vous vn doux baiser.

Ie croy que vous estes bien ayse
Que nous sommes en bonne humeur,
Et de voir que chacun se baise
Chassant d'entre nous la rigueur :
    Mais vous serez bien plus contenz
    Quand vous en aurez fait autant.

Madame je sçay qu'a vostre aage
On est bien aise de baiser,
Les traits de vostre beau visage
Semblent tous vous y obliger :
    Laissez vous aller au plaisir
    Pour contenter vostre desir.

Ha ! vrayment c'est par trop attendre
Vn doux baiser qui vous est deu,
Allez donc vistement le prendre
De crainte qu'il ne soit perdu :
    Car je sçay bien que vous aymez
    Deux beaux yeux qui vous ont charmez.

Belle, ne soyez point honteuse
Si je vous dis en verité,
Que vous estes bien amoureuse,
C'est vne belle qualité,
    Vsez donc des droits de l'Amour
    Baisant quelqu'vn à vostre tour.

Mais puis que c'est moy qui suis cause
Que vous auez eu du plaisir :
Il faut que je fasse vne chose
Qui contente aussi mon desir,
    Vous verrez bien-tost qu'elle elle est,
    Vous baisant toutes, s'il vous plaist.

CHANSON

EN fin le Ciel me favorise
En me faisant revoir les yeux De mon adorable Clorise Dont la beauté charme les dieux:
Ie suis heureux de pouvoir dire Qu'elle est cause de mon martire.

Des le moment de son absence
Mon cœur fut mis en liberté,
Et le bon-heur de sa presence
Le remet en captiuité :
   Mais je suis trop heureux de dire
   Qu'elle est cause de mon martire.

Dieux ! que le sort m'est fauorable
De me ranger dessous sa loy,
I'y trouue mon mal agreable,
Et me tiens plus heureux qu'vn Roy :
   Puis que sans cesse je puis dire
   Qu'elle est cause de mon martire.

Ie veux passer toute ma vie
A n'adorer que ses appas,
Afin que mon ame rauie
Reçoiue par eux le trespas,
   Et qu'en mourant je puisse dire
   Que je meurs par vn doux martire.

CHANSONS A DANSER.

CHANSON

Ma foy la belle Lysande Res-ueille mes apetits, Si elle à la bouche grande, Elle à les yeux bien petits, Et tous ses traits sont si doux Que j'en ignore les coups.

Elle est belle, jeune, & riche,
Et à beaucoup de pouvoir :
Car elle a vn sein postiche
Qui fait courrir pour la voir :
    Mais auecque sa beauté
    Elle a de la cruauté.

Pour marque de sa jeunesse,
C'est qu'elle n'a que trois dents,
Et pour montrer sa sagesse,
Elle est seule sans amants :
    Sa beauté les fait souffrir
    Iusqu'à les faire mourir.

A ce que j'ay peu apprendre,
Son honneur est inuaincu :
Celuy qui la pourra prendre
Ne sera jamais cocu :
    Car les rides de son front
    Exemptent de cét affront.

CHANSON

V'vn baiser me semble doux Quãd je le reçoy de vous, Chere beauté dont les armes Se plaise à blesser les cœurs, A ce coup je cede aux charmes De vos beaux yeux mes vainqueurs.

POVR DANSER.

    Ce teint de rose & de lys,
Et ces tetons si jolis,
Ce sont les fatales armes
Dont vous blessez tous les cœurs:
Pour moy je cede à leurs charmes,
Et les nomme mes vainqueurs.

    Peut on bien voir tant d'appas,
Et ne les admirer pas?
Ce sont de trop belles armes
Pour ne point blesser les cœurs;
Pour moy je cede à leurs charmes,
Et les nomme mes vainqueurs.

    Ie faits gloire d'estre esprits
Des attraits dont je suis pris,
Puis que de plus belles armes
Ne peuuent blesser les cœurs,
Ie veux ceder à leurs charmes,
Et les nommer mes vainqueurs.

CHANSON

A Quoy seruent tant de paroles

Pour vn bien que vo'n'aurez pas, Ne parlez plus de

mes appas, Monsieur, vos discours sont friuoles:

Car je ne reçoy plus d'amis Depuis que j'ay mon

compromis.

Ie ne demande pas grand chose,
Et vous me voulez refuser:
Ie ne souhaitte qu'vn baiser
Sur ce teint de lys & de rose,
Cela me peut estre permis,
Quoy que vous ayez compromis.

POVR DANSER.

    Pour vn baiser je vous le donne :
Mais jurez dessus vostre foy
Que n'estant plus auecque moy
Vous ne le direz a personne :
        Car je sçay que tous mes amis
        Sçauent que j'ay vn compromis.

    Ouy, ma belle, je vous le jure :
Mais approuuez donc mon dessein,
Ie veux encor' toucher ce sein,
Le plus beau qu'ayt fait la nature :
        Les faueurs qu'on fait aux amis
        N'empeschent point vn compromis.

    Vous me tenez vn beau langage,
He bien ! prenez encor' cela :
Mais sçachez qu'au partir de là
Vous n'en aurez pas d'auantage :
        Rien plus ne vous sera permis
        A cause de mon compromis.

    Encore vne faueur, ma belle,
Qui est ; je ne le diray pas !
I'ayme mieux souffrir le trespas
Que de causer vne querelle :
        Cela ne me seroit permis,
        Puis que vous auez compromis.

    I'entends ce que vous voulez dire,
Faicte' & ne m'importunez plus :
Car tout ce discours superflus
N'alege point vostre martire,
        Et puis estant de mes amis
        Vous ne romprez mon compromis.

CHANSON

'Est-ce pas pour defesperer D'aymer encor Siluie? Mon cœur ceſſons de l'adorer Pour conſeruer ma vie: Car par ma foy je ne veux pas Pour elle ſouffrir le treſpas.

POVR DANSER.

Ie croyois bien que mon amour
Auroit sa recompense,
Et qu'enfin cette belle vn jour
Aymeroit ma constance:
 Mais je voy bien que ses appas
 Me veulent donner le trespas.

Fuyons donc bien loin de ces lieux
La mort qui nous talonne,
Puisqu'au seul aspec de ses yeux
Ie pallis & frisonne,
 Et qu'en reuoyant ses appas
 Il faudroit souffrir le trespas.

Toutes-fois retardons vn peu,
Et voyons si son ame
Voudra recompenser mon feu
En reçeuant ma flâme:
 Car ainsi je ne voudrois pas
 Cesser d'adorer ses appas.

Mais las! apres vn si long-temps
Dois-je esperer encore?
D'auoir le bien que je pretends
De celle que j'adore?
 Non, car sans doute ses appas
 Seroyent cause de mon trespas.

C v

CHANSON

Aut-il mourir sans parler? Faut-il mourir sans parler? Et toujours dissimuler Le feu que j'ay dans l'ame: Non, je ne puis plus celer Mon amoureuse flâme.

POVR DANSER.

  Il faut donc là descouurir :   bis
Car je ne sçaurois souffrir
Qu'vne fille inhumaine
Veuille me faire mourir
Sans qu'on sçache ma peine.

  Diane dont la beauté,   bis
Esgale la cruauté,
Fait le mal qui me tuë,
Et rauit la liberté
De mon ame abattuë.

  Cét objét digne des dieux,   bis
Veut que je cache en tous lieux
La douleur qui me touche :
Mais je ne puis ; car mes yeux
Parlent plus que ma bouche.

CHANSON

Auures amants je plainds Vostre me-lanco-lie, Vos esprits sont atteins D'vne estrange folie: Vous mourez pour mes doux appas, Et moy je ne vous ayme pas.

Ie me mocque de vous,
Et de vos fimagrées,
Et je me rids des coups
Dont vos ames blessées
   Meurent adorant les appas
   D'vne qui ne vous ayme pas.

Vous despeignez si bien
Le feu qui vous consume,
Disant que c'est au mien
Ou le vostre s'alume,
   Et qu'enfin pour mes doux appas
   Il faudra souffrir le trespas.

Vous estes de grands foux,
Tout le monde l'aduouë,
Et se mocque de vous :
Voyla comme on vous louë
   De mourir aymant les appas
   D'vne qui ne vous ayme pas.

CHANSON

Olimpe, je meurs pour vous, Olimpe, je meurs pour vous, Les dieux mesm'en sont jaloux, Et me portent enuie, De voir qu'vn trespas si doux Me vient oster la vie.

POVR DANSER.

  Ie faits gloire de mourir,   bis
Et j'ayme bien mieux perir
En adorant vos charmes,
Que de viure & de souffrir
Qu'on mesprise mes larmes.

  Mourir en vous adorant,   bis
C'est vouloir viure en mourant,
Au prix du mal extresme
Qu'on endure en soupirant
Pour l'objét que l'on ayme.

  Souffrez qu'à mon dernier jour,   bis
Pour descouurir mon amour,
Belle & diuine Aurore,
Ie dise à toute la Cour
Que c'est vous que j'adore.

CHANSON

Robin, & Margot l'autre jour, Es-
toyent pres d'vn boccage,
Ie vis que Robin de l'amour N'entendoit pas l'vsage;
Ie luy parlé sur cet-
te af- faire, Luy qui ne manque pas d'esprit,
Cogneut bien ce qu'il faloit faire, Et tout aussi-
tost le comprit.

POVR DANSER

Lors d'vne telle instruction,
Le drole rauy d'aise,
Pour tesmoigner sa passion
Prend Margot, & la baise :
Il luy dit, leuant sa chemise,
Mon cœur esgayons nos esprits,
Et mets en oubly ma sottise,
Puis que maintenant j'ay compris.

Margot respond, ce n'est pas tout
D'auoir bien pû comprendre :
Ie veux t'instruire jusqu'au bout,
Et maintenant t'apprendre,
Que pour bien faire cette office,
Et pour éuiter le mespris
Il faut se mettre en exercice
Aussi-tost que l'on à compris.

Ie dirois ce qu'il fit apres,
Mais par ma foy je n'ose,
Sinon qu'en se touchant de pres
Ils firent quelque chose
Que vous entendez sans le dire,
Iugeant bien dedans vos esprits
Qu'à la fin Robin voulut rire
Apres auoir si bien compris.

CHANSONS A DANSER.   D

CHANSON

Dieux! que le jeu du flageolet Me plaist & me resueille, Il y à chez nous vn valet Qui en jouë à merueille, Et que j'ay pris pour mon amant A cause de son instrument.

Quand je le veux faire jouër
Il faut que je le baise :
Mais aprés il faut aduoüer
Qu'il me fait pasmer d'aise :
　　Car dedans ce mesme moment
　　Il ajuste son instrument.

Alors je commence à danser
Pour luy donner enuie
De ne se pas si-tost lasser :
Car c'est toute ma vie,
　　Et mon plus grand contentement
　　De voir ce gentil instrument.

Ie n'ay jamais veu de garçon
Auoir si longue haleine,
N'y en joüer de la façon
Auecque moins de peine,
　　C'est ce qui fait que hautement
　　I'admire ce bel instrument.

CHANSON

Marilis, ton beau sein, Et ta grace infinie: M'ont fait naistre le dessein De quitter Vranie, Pour offrir à ta beauté Mon cœur & ma liberté.

I'admirois les doux attraits
Dont elle estoit pourueuë:
Mais je mesprise ses traits
Depuis que je t'ay veuë,
    Et suis auec jugement
    Resolu au changement.

Tes yeux, ce sont des soleils
Dont l'esclat admirable,
Par des effets nompareils,
Te rendent admirable,
    Et c'est par eux que l'Amour
    Me consume chaque jour.

Tu contraincts tous les mortelz,
Te voyant sans seconde,
A t'ériger des autelz,
Sur la terre & sur l'onde:
    Ce n'est donc pas sans raison,
    Que je change de prison.

CHANSON

SI je voy que ma Chambriere Caresse plus nostre Valet, I'iray la prendre par derriere, Et luy donneray vn soufflet: Qui luy fera perdre l'enuie De le caresser de sa vie.

Chacun m'a dit que c'est jeunesse :
Mais je voy bien à sa façon,
Qu'elle veut auecque finesse
Attrapper ce jeune garçon :
C'est-ce qui fait que j'y prends garde
Aussi-tost qu'elle le regarde.

I'ay bien recogneu que le drole
Tasche à luy plaire chaque jour,
Ne disant pas vne parole
Qu'il ne jette vn soupir d'amour :
Mais je la rendray malheureuse,
Puis qu'elle est d'humeur amoureuse.

Ha ! vous ne sçauez pas la cause
Pour laquelle je ne veux pas
Qu'ils goustent cette aymable chose
Si pleine de charmants appas ;
En vn mot je vais vous le dire
Afin d'aleger mon martire.

Vn vieillard qui toujours radotte,
Est celuy que j'ay pour mary,
Hé ! ne seray-je pas bien sotte
Si je ne faits vn fauory ?
Il ne faut plus cacher par feinte
Le mal dont mon ame est atteinte.

Ce garçon qu'ayme ma seruante
Me plaist aussi infiniment :
Il à l'humeur si complaisante
Que j'en veux faire mon amant ;
Il faut donc la mettre a la porte
Pour en vser de cette sorte.

CHANSON

Stant dans la refuerie,
Affis au bord d'vn ruiffeau, I'auifé mon Ifabeau Dormant dans vne prairie: Dieux! que la difcretion Fait tort à ma paffion!

POVR DANSER.

Refuant ainſi à ma peine,
Ie mourois de deſplaiſir,
Et je mourus de deſir
Quand je vis cette inhumaine:
    Mais trop de diſcretion
    Fit tort à ma paſſion.

Enfin tout remply de crainte
Ie l'approché paliſſant,
Et mon cœur tout languiſſant
Dans vne telle contrainte:
    M'oſtoit la diſcretion,
    De cacher ma paſſion.

Amour embrazoit mon ame
A l'abord de ſon aſpec:
Mais auſſi-toſt le reſpec
Vint s'oppoſer à ma flâme,
    Forçant ma diſcretion
    De cacher ma paſſion.

                  D V

CHANSON

Je voy bien, belle Dorimeine, Qu'Amour loge dedans tes yeux: Mais, ô rare beauté des Cieux! Aussi charmante qu'inhumaine: Tu deurois voyant ma langueur Le faire loger dans ton cœur.

Ce dieu me remplit tout de flâme
Par l'effet de tes doux regards,
Et sans cesse de mile dards
Me porte ses coups droit a l'ame:
  Mais tu finirois ma langueur
  Si tu le logeois dans ton cœur.

Belle, prends pitié de ma vie,
Cesse de me faire souffrir;
Amour me va faire mourir
S'il ne te prend bien-tost enuie,
  Pour mettre fin a ma langueur,
  De se faire entrer dans ton cœur.

Quitte ton humeur rigoureuse,
Passe ta jeunesse en aymant:
Et pour soulager mon tourment
Deviens de cruelle, amoureuse:
  Ton œil sera toujours vainqueur
  Si tu loge Amour dans ton cœur.

CHANSON

Villot, quoy que tu me flatte Tu n'obtiendras rien sur moy : Ha ! je me meurs quãd je voy Tes yeux bordez d'escar- latte : Guillot, ar- reste le cours De tes importuns discours.

Vrayment tu as beau me dire
Que tu m'adresse tes vœux,
Ie me mocque de tes feux,
Et me ris de ton martire,
   Guillot, arreste le cours
   De tes importuns discours.

Trefue à tes belles promesses :
Car je ne veux point de toy,
Et je te jure ma foy
Que j'abhorre tes caresses,
   Et les importuns discours
   Dont tu m'entretiens toujours.

Faits à vn autre ta plainte
Qui veuille aleger ton mal,
Dis luy qu'il est sans esgal,
Et sans faire aucune feinte,
   Entretiens là des discours
   Que tu me faits tous les jours.

CHANSON

A! je recognois Guillemette
Que tu alume mon amour, Puis que ton corps ne
void le jour Qu'en qualité d'vne alumette,
Et que tu pense auec raison Mettre mon cœur dans
ta prison.

POVR DANSER.

Les coups dont tu blesse les ames
Sont si doux qu'on ne les sent pas,
Et pour esuiter le trespas
Il faut brusler dedans tes flames:
    On ne peut mettre sa raison
    Dans vne plus douce prison.

Ie ne m'estonne plus, farouche,
Si l'on void des feux dans tes yeux,
Puis qu'à toute heure, & en tous lieux
Vn taffetas rouge les touche:
    C'est ce qui fait que ma raison
    S'engage dedans ta prison.

Eust on jamais creu qu'à ton aage
On pût auoir encor des dents?
Et faire naistre des amants:
Dieux! c'est vn trop grand auantage,
    Pour ne pas mettre sa raison
    Dans vne si belle prison.

CHANSON

Aritte, je m'en vays mourir Puis que ta rigueur m'y conuie: Mais las! prend pitié de ma vie, Et viens viste me secourir, Puis qu'vn seul baiser de ta bouche Peut guerir le mal qui me touche.

POUR ODE AINSER.   33

Considere que tes appas,
Qui te donnent rang des Anges,
Ne receuront plus de loüanges
S'ils sont cause de mon trespas :
　　Puis qu'vn seul baiser de ta bouche
　　Peut guerir le mal qui me touche.

Objet diuin, rare & charmant,
Voyant l'effet de mon martire,
Tu dois sans te le faire dire
Me donner du soulagement,
　　Puis qu'vn seul baiser de ta bouche
　　Peut guerir le mal qui me touche.

Enfin, beau chef-d'œuure des Cieux,
Pour t'oster le nom d'inhumaine,
Et pour mettre fin à la peine
Que me font les traits de tes yeux ;
　　Faits qu'vn doux baiser de ta bouche
　　Guerisse le mal qui me touche.

CHANSONS A DANSER.　　　　E

CHANSON

Ant de charmes m'ont surpris Voyant

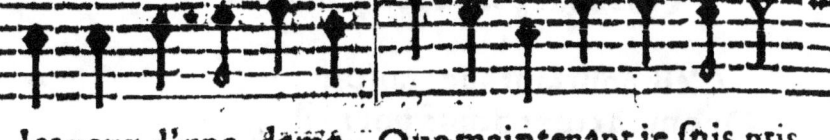

les yeux d'vne dame, Que maintenant je suis pris,

Et mon cœur est tout de flâme: Ce petit dieu

m'a fait voir Que tout cede à son pouuoir.

Ie tenois ma liberté
Bien plus chere qu'vn Empire:
Mais l'adorable beauté
Pour laquelle je soupire
    Est cause qu'Amour fait voir
    Que tout cede à son pouuoir.

C'est pourtant auec raison
Que mon cœur brusle pour elle,
Et qu'il cherit la prison
Où le retient cette belle,
    Puis qu'il ne là faut que voir
    Pour ceder à son pouuoir.

Ie rends graces à l'Amour
De m'auoir rendu sensible,
Et benis l'heure & le jour
Que par vn Ange visible,
    Ce petit dieu me fit voir
    Que tout cede à son pouuoir.

CHANSON

Philis me fait voir sans cesse Le pouuoir de ses appas: Car quoy que mon mal me presse, Et me con- dui- se au trespas: J'ayme mieux mourir pour elle Que d'estre infidelle.

POVR DANSER.

Cét Ange en eſtant la cauſe,
L'effét en doit eſtre doux,
Et j'en tiens ma bouche cloſe
De peur qu'on ne ſoit jaloux :
   Que je meurs pour cette belle
   Luy eſtant fidelle.

Il faut donc que ſans le dire
Ie faſſe voir en mourant,
Que je meurs d'vn doux martire
Puis que c'eſt en l'adorant :
   I'auray le nom de fidelle
   Mourant pour ma belle.

CHANSON

C'Est trop se faire prier, Et se montrer mauuaise: Ha! vous auez beau crier Il faut que je vous baise: Mes bras contre vos ef- forts Se feront voir les plus forts.

POVR DANSER.

Lors que je vous entretiens,
Vous faites l'inhumaine:
Mais à ce coup je vous tiens,
Il faut payer ma peine;
    C'est faire en vain tant d'efforts
    Puis que mes bras sont plus forts.

Me voicy tantost au point
De baiser vostre bouche,
Vos cris n'empescheront point
Que la mienne la touche,
    Puis que contre vos efforts
    Mes bras seront les plus forts.

Enfin me voila tout prest
De plaire à mon enuie;
Dieux! que ce baiser me plaist,
Adorable Siluie,
    Confessez que vos efforts
    Contre mes bras sont peu forts.

E iiij

CHANSON.

Robin pour le prix d'vn marché Me vient voir dedans ce village, Et quoy qu'ils s'y trouue empesché, L'autre jour dedans ce boccage, Le discours qu'il me veint tenir N'estoit que pour en

conuenir

Ie ne diray point ce que c'est,
Il me suffit d'eſtre contente,
Et que ce garçon qui me plaiſt
Donne des fruits à mon attente:
    Rien ne le pourroit retenir
    N'eſtoit qu'il veut en conuenir.

Ma mere ne ſçait pas pourtant
Ce que nous auons fait enſemble:
Mais Robin eſtant fort contant
Que ce doux marché nous aſſemble:
    Ie veux de tous points le tenir
    Puis qu'il vient pour en conuenir.

E v

CHANSON

Bien que mon cœur sou- pire Pour vn jeune garçon, I'ay pourtant la façon De n'aymer rien qu'à rire, Et mon cœur en aymant Sçayt luy seul son tourment.

POVR DANSER.

Ie ris, je chante, & danse,
Ie joüe à mile jeux,
Et d'vn cœur courageux
Ie vais à la cadanse :
　　C'est ainsi qu'en aymant
　　Ie cache mon tourment.

Pour cognoistre ma flâme,
Où pour la conçeuoir :
Las ! il faudroit pouuoir
Lire dedans mon ame :
　　Car je sçay en aymant
　　Desguiser mon tourment.

Ie faits l'indifferente
Quand on parle d'amour,
Et pourtant chaque jour
Dans mon cœur il s'augmente :
　　C'est ainsi qu'en aymant
　　Ie cache mon tourment.

CHANSON

E t'aduertis que Ianneton De tes baisers n'est pas contente, Elle m'a dit que son attente Est que tu touche son teton: Apres l'auoir tant fait attendre, Tu dois, Guillot, en condescendre.

POUR DANSER

Puis que tu veux faire l'amour,
Satisfait donc à son envie;
Ne passe point toute ta vie
A baiser la nuit & le jour :
   Car pour le jeu d'amour entendre,
   Tu dois, Guillot, en condescendre.

Forme en toy-mesme le dessein
De faire ce qu'elle souhaitte,
Ce n'est point amitié parfaitte
Que baiser & toucher le sein :
   Pour bien le jeu d'amour entendre
   Tu dois, Guillot, en condescendre.

Elle m'a dit bas en secret
I'ayme Guillot, je le confesse :
Mais son amour veut que tu cesse
De faire si fort le discret,
   Et tu n'en dois plus rien attendre
   Si tu ne veux en condescendre.

CHANSON

Deesse dont la beauté Dedans le siecle ou nous sommes Engage la liberté Des dieux autant que des hommes : Soulage vn peu le tourmēt Que mō cœur souffr'en t'aymant.

J'espere en vain du secours,
J'ay beau respandre des larmes,
Il faudra finir mes jours
Estant blessé par tes charmes;
   Pour mettre fin au tourment
   Que mon cœur souffre en t'aymant

Il est vray j'ay trop osé
D'auoir tasché de te plaire,
Ce que j'auois proposé
M'apporte tout le contraire,
   Et redouble le tourment
   Que mon cœur souffre en t'aymant.

Ie vais mourir en ce lieu
Apres tant de hardiesse:
Car ce n'est que pour vn dieu
Que le Ciel t'a fait Deesse,
   Et ma gloire en ce moment
   Est que je meurs en t'aymant.

CHANSON

Harmé par les doux appas D'vne beauté sans pareille, Mon cœur suit par tout les pas De cette rare merueille, Aymant sa captiuité Bien plus que sa liberté.

POVR DANSER.

O dieux ! la douce prison
Ou mon amitié s'engage,
Et que c'est auec raison
Que je tiens ce doux langage :
    Puis que ma captiuité
    Vaut mieux que ma liberté.

I'espere que quelque jour
I'auray ce que je souhaitte :
Car changeant ce nom d'amour
Au nom d'amitié parfaite :
    Apres ma captiuité
    I'auray toute liberté.

CHANSONS A DANSER.

CHANSON

Amis caressons ces dames, C'est trop perdre nostre temps, Rendons nos desirs contents, Et pour r'alumer nos flâmes Prenons leur, sans dire mot, Ce qui fait souuent vn sot.

POVR DANSER.

Ie ne vays plus en cadense
Tant je suis las de danser,
Et ne puis plus auanser,
Amis, quittons cette danse?
   Et prenons sans dire mot
   Ce qui fait souuent vn sot.

Peut estre que de ces belles
Ie flatte icy le desir,
Esprouuons donc par plaisir
Si elles feront cruelles,
   Leur prenant sans dire mot
   Ce qui fait souuent vn sot.

N'en parlons point d'auantage:
Mais suiuons ce beau dessein,
Baisons la bouche, & le sein,
Pour nous enfler le courage:
   Puis apres sans dire mot
   Prenons ce qui fait vn sot.

FIN.

Basses de six Chansons à Danser, dont le Dessus & les paroles sont precedentes.

CHANSON

Eau sujét de mon tourmét! Aymable Silvie! Considere en ce moment L'estat de ma vi- e: Viens me secourir, Ou je vays mourir.

POVR DANSER.

La beauté pour qui je brusle,
Et dont je suis amoureux: Pour me rendre malheureux Fait gloire d'estre incredulle: Plus je luy faits
des sermens, Moins elle croit mes tourmens.

CHANSON

J'Esperois bien qu'Amaranthe Me contenteroit vn jour : jour: Mais cette adorable amante Se mocque de mon amour: Car plus je brusle pour elle, Plus elle est cruelle.

POVR DANSER. 44

Depuis deux jours je sçay que ma Seruante Baise souuent mon mary, & s'en vante: Mais si je voy que cela continuë, Ie la mettray bien-tost dedans la ruë.

CHANSON

A Quoy seruent tant de paroles, Pour vn bien que vo9 n'aurez pas, Ne parlez plus de mes appas, Monsieur, vos discours sont friuoles: Car je ne reçoy plus d'amis, Depuis que j'ay vn compromis.

POUR DANSER.

Bien que mon cœur soupire Pour
vn jeune garçon, I'ay pour-tant la façon De
n'aymer rien qu'à rire : Et mon cœur en aymant
Sçait luy seul son tourment.

FIN.

TABLE
DES CHANSONS
DE L. M.

A

Amarillis, ton beau sein. feuil. 27
Amis caressons ces dames. 42
A quoy nous sert d'aymer Cloris. 8
A quoy seruent tant de paroles. 10

B

Beau sujet de mon tourment. 4
Belle, commencez je vous prie. 15
Bien que mon cœur soupire. 38

C

Caritte, je m'en vays mourir. 33
C'est trop se faire prier. 36
Charmé par les doux appas. 41

D

Déesse dont la beauté. 40
Depuis deux jours je sçay que ma seruante. 13
Dieux! que le jeu du flageolet. 26

E

Enfin le Ciel me fauorise. 17
Estant dans la resuerie. 29

F

Faut-il mourir sans parler? 32

G

Guillot, quoy que tu me flatte. 31

H

Ha! je recognois Guillemette. 30

I

Ie m'oste du nombre des folles. 14

TABLE.

I'esperois bien qu'Amaranthe.	9
Ie t'aduertis que Ianneton.	39
Ie voy bien belle Dorimene.	30
Il faut confesser que Caritte.	11

L
La beauté pour qui je brusle.	5

M
Ma foy si Aminthe est belle.	3
Ma foy la belle Lisande.	18

N
N'est-ce pas pour desesperer.	21

O
Olimpe je meurs pour vous.	24

P
Pauures Amants je plaints.	23
Philis me fait voir sans cesse.	35

Q
Qu'vn Amoureux a de peine.	7
Qu'vn baiser me semble doux.	19

R
Robin & Margot l'autre jour.	25
Robin pour le prix d'vn marché.	37

S
Sans regret quittant la Cour.	2
Si je voy que ma chambriere.	28

T
Tant de charmes m'ont surpris.	34

V
Vn grand malheur est arriué.	6
Vn jour la belle Ianneton.	10
Vne brune me fait la loy.	12

FIN.

EXTRAIT DV PRIVILEGE.

AR LETTRES PATENTES DV ROY données à Lyon le vingt-quatriesme jour d'Octobre, l'An de grace Mil six cens trente-neuf, & de nostre regne le trentiesme. Signées, LOVIS, & plus bas, PAR LE ROY. DE LOMENIE. Sçellées du grand sceau de cire jaune: Verifiées & Registrées en Parlement le dix-septiesme Nouembre 1639. Par lesquelles il est permis à Robert Ballard, seul Imprimeur du Roy pour la Musique, d'imprimer, faire imprimer, vendre & distribuer toute sorte de Musique, tant vocale, qu'instrumentale, de tous Autheurs: Faisant defence à toutes autres personnes de quelque condition & qualité qu'ils soyent, d'entreprendre ou faire entreprendre ladite Impression de Musique, ny autre chose concernant icelle en aucun lieu de ce Royaume, Terres & Seigneuries de son obeïssance: nonobstant toutes Lettres à ce contraires: ny mesme de tailler, ny fondre aucuns Caracteres de Musique sans le congé & permission dudit Ballard, à peine de confiscation desdits caracteres & impressions, & de six mile liures d'amende, ainsi qu'il est plus amplement declaré esdittes Lettres. Saditte Majesté voulant qu'à l'Extrait d'icelles mis au commencement où fin desdits liures imprimez, foy soit adjoustée comme à l'original.

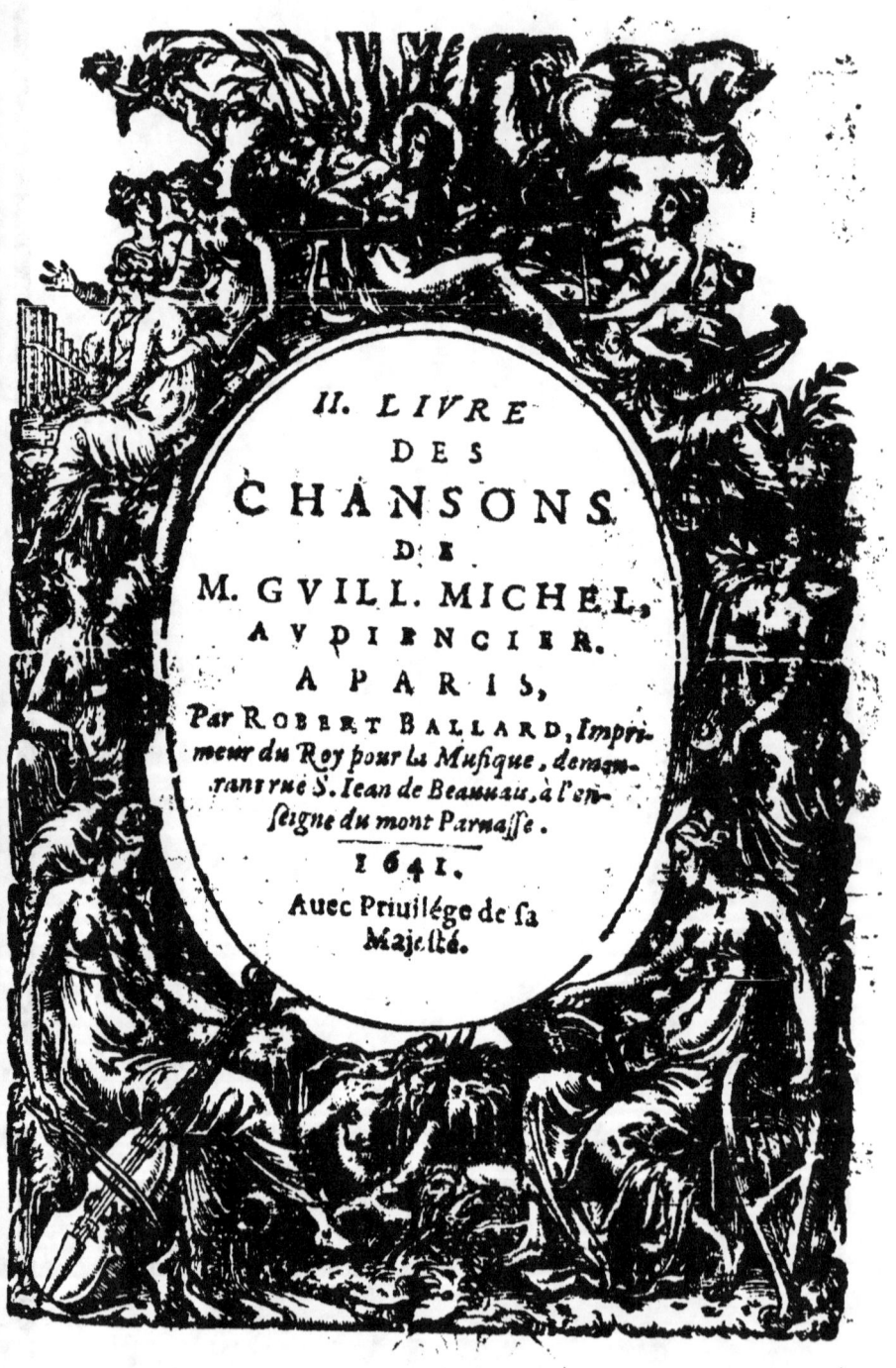

II. LIVRE
DES
CHANSONS
DE
M. GUILL. MICHEL,
AVDIENCIER.
A PARIS,
Par ROBERT BALLARD, Imprimeur du Roy pour la Musique, demeurant rue S. Iean de Beauuais, à l'enseigne du mont Parnasse.
1641.
Auec Priuilége de sa Majesté.

CHANSONS
POUR DANSER.

Amour, tyran de nos ames En fin s'est rendu mon vaïqueur: Cœlide est Reyne de mon cœur, Et la cause de mes flâmes, Depuis que je vis sur les eaux Les pourtraits de ses yeux si beaux.

POVR DANSER.

Vn matin que cette belle
Se diuertissoit à pescher,
Cheminant (que ce jour m'est cher!)
Ie me trouuay si pres d'elle,
    Que je voyois dessus.

Phœbus estoit hors de l'onde,
Et j'y voyois ces deux soleils,
Ie dis ses beaux yeux sans pareils,
Ornez de leur tresse blonde.
    Quel plaisir de voir.

Deslors que l'eau fut complice
De l'amour & de mon tourment,
Deuois-je pas dans ce moment,
Ressemblant à ce Narcisse,
    Me precipiter dans les eaux,
    Y voyant ces pourtraits si beaux?

Pour esteindre cette flâme
C'estoit vn remede certain,
Qu'heureux eust esté mon destin!
Puis que la mort je reclame
    Depuis que je vis.

CHANSON

L est trop vray, Cloris, Ie sçay que Tircis m'ayme: Aussi je le cheris Cent fois pl'que moy-mesme. Aux prez, aux bois, sur le bord des fontaines Tircis m'a dit ses amoureuses peines.

POVR DANSER.

Il me suit en tous lieux,
Soit aux champs, soit au Temple :
Si je leue les yeux,
Ie voy qu'il me contemple.
  Aux prez.

Il vient souuent la nuict,
Alors que je sommeille,
Il chante, & ce doux bruit
Aussi-tost me resueille.
  Aux prez.

Il graue mile vers
Aux lieux par où je passe,
Et sur les saules verds
Nos chiffres il enlace.
  Aux prez.

Il disoit l'autre jour,
Ma Philis, ma chere ame,
Vous n'auez point d'amour,
Et je suis tout de flâme.
  Aussi l'Echo sur le bord des fontaines
  Dit apres luy ses amoureuses peines.

A iij

CHANSON

Ors que je suis absent De la belle Amarante, Mon malheur est present, Et ma joye s'absente: Si cét Astre ne me luit, Tout m'est nuict, & tout me nuit.

POVR DANSER

Pour diuertir mon mal
Ie voy la comedie :
Ie vay chercher le bal ;
Mais rien n'y remedie.
    Si cét Astre.

Ie me promene au cours,
Où l'on void les plus belles,
Qui causent tous les jours
Miles amours nouuelles.
    Si cét Astre.

Quand je voy ses beaux yeux,
De joye je me pasme :
Ie m'estime estre aux cieux
D'esprit, de corps, & d'ame.
    Si cét Astre.

Beauté, dont les appas
N'eurent jamais d'exemple,
Adresse icy tes pas,
Nous te ferons vn temple.
    Si ta beauté ne me luit
    Tout m'est nuict, & tout me nuit.

A iiij

CHANSON

TRop fâcheux point d'hôneur, Ennemy de mon aise, En m'oſtant mon bon-heur, Tu fomentes ma braiſe, Quand tu veux me defendre De voir mon cher Alcandre.

POVR DANSER.

 Que tes seueres loix
Mé causent de martyre,
M'arrachant à la fois
Les plaisirs & le rire:
  Quand tu veux.

 A ton commandement
Dois-je prester l'oreille?
Ie cheris mon amant
D'vne amour sans pareille:
  Et tu veux.

 I'oublie mes ennuis
Pensant à son image,
Et je n'ay plus de nuicts
Quand je voy son visage.
  Pourquoy donc.

 Ainsi de son amour
Cloris faisoit sa plainte:
Et l'honneur à son tour
Tient son ame contrainte:
  Qui semble luy defendre
  De voir son cher Alcandre.

A v

CHANSON

LE Printemps est si doux, Et vous estes cruelle: Ie n'adore que vous, Ie suis vostre fidelle: Pendant si belle saison, Cloris, faites moy raison.

POVR DANSER.

L'hyuer & sa froideur
Au chaut quitte la place:
Et proche mon ardeur
Vous demeurez de glace.
    Pendant.

Dans l'Auril de vos ans,
Dans l'Auril de l'année,
Rendez nos cœurs contens
Cette belle journée.
    Pendant.

Escoutez ces oiseaux,
Entendez leur ramage:
Cloris ces airs nouueaux
C'est l'amoureux langage.
    Pendant.

Sur le bord d'vn ruisseau
Ainsi disoit Cleandre,
Et ce berger si beau
A Cloris feit entendre
    Pendant la verte saison
    Son amour & sa prison.

CHANSON

DAns l'absence de ma dame, Dans l'absence de ma dame, Diuers pensers en mon ame Se glissent chaque moment, Pensées Insensées, Sortez de mon jugement.

POVR DANSER.

Mile soupçons, mile craintes,
Et l'espoir auec ses feintes
Accompagnent mes desirs.
  Pensées
   Insensées,
Vous causez mes desplaisirs.

Les soupçons que cette belle
N'aye fait amour nouuelle
Ne font que pour mes riuaux.
  Pensées
   Insensées,
Vous me causez ces trauaux.

Les maladies communes
Et les autres infortunes
Sont mes craintes pour Cloris.
  Pensées
   Insensées,
Que vous troublez mes esprits.

L'espoir qui flate la peine
Que j'ay pour cette inhumaine
Semble me vouloir guerir.
  Pensées
   Insensées,
Que vous me faites souffrir.

Ce beau desir qui m'enflâme
Fait que tojuours je reclâme
Ses beaux yeux qui m'ont blessé.
  Pensées
   Insensées,
Vous me rendez insensé.

CHANSON

LE Printemps & ma belle Enfin sont de retour, Et si je n'adore qu'elle, Elle n'a pas moins d'amour: Mais quand ce vient au dernier point, La cruelle ne le veut point.

POVR DANSER.

Ie luy dis mon martyre,
Elle pleint mon tourment:
Si je pleure, elle soupire,
Et ne veut point d'autre amant.
   Mais quand.

Quand je baise Sylvie
Elle n'a de rigueur:
Si je l'appelle ma vie,
Elle me nomme son cœur.
   Mais quand.

Ie sçay qu'elle seconde
Mes desirs & mes vœux:
I'ay eu de sa tresse blonde
Des bracelets de cheveux.
   Mais quand.

Assis pres de sa couche,
Admirant ses appas,
Ie la baise & je la touche,
Elle ne s'en fasche pas.
   Mais quand.

CHANSON

Nos Bergers sont con-tens, Nos Bergers sont contens, De reuoir le printemps, Ils ont l'ame rauie: Mais ce bien Ne m'est rien Esloigné de Syluie.

POUR DANSER.

 Leurs flustes, leurs haut-bois,
Resonnent dans ces bois,
 Et chacun se contente:
  Mais ce bien
  Ne m'est rien
  Absent de mon amante.   bis.

 Auec eux les oyseaux   bis.
Disent leurs chants nouueaux
Sans soin & sans enuie:
  Mais ce bien
  Ne m'est rien
 Esloigné de Syluie.

 On entend les chansons   bis.
Des serins, des pinçons:
Aussi de Philomele:
  Mais ce bien
  Ne m'est rien
 Esloigné de ma belle.

 Cher objet de mes yeux!   bis.
Reuiens en ces bas lieux
Me redonner la vie?
  Car ce bien
  Ne m'est rien
 Esloigné de Syluie.

SECOND LIVRE.   B

CHANSON

Je suis le plus heureux berger, Je suis le plus heureux berger Depuis qu'Amour a fait ranger Sous ses loix ma Climeine : J'espere bien-tost soulager Mon amoureuse pei- ne.

POVR DANSER.

Elle n'a plus tant de rigueur,   bis.
Depuis qu'elle a sçeu que mon cœur
Est dessous son empire,
Et que pour son bel œil vainqueur
Sans cesse je soupire.

Quand nous sommes dedans ces bois,   bis.
Elle se plaist d'ouyr ma voix
Dire vne chansonnette,
Ou bien d'entendre quelques fois
Le son de ma musette.

Ie commence à l'appriuoiser,   bis.
L'autre jour je pris vn baiser
Sur ses leures de rose :
Mais pour mon amour appaiser
Ie desire autre chose.

Aussi les bergers d'alentour   bis.
Qui recognoissent mon amour,
En croyent dauantage :
Et moy j'espere quelque jour
D'auoir son pucelage.

B ij

CHANSON

Rochers, antres, & bois, De nos amours complices, Vous fustes autresfois tesmoins de nos delices: Cloris me coupe jeu Quand je suis tout en feu.

POUR DANSER.

Elle baisoit mes yeux,
Et je baisois sa bouche :
Vous le sçauez, beaux lieux !
Vous nous seruiez de couche.
    Clorise.

Icy de nos desirs
Que l'Amour faisoit naistre,
Nous prenions les plaisirs
A l'ombre de ce hestre.
    Clorise.

Elle a faussé sa foy
Qu'elle m'auoit promise :
Elle n'est plus à moy,
Et je suis à Clorise.
    Clorise.

Si je pouuois sçauoir
Qui la rend infidelle ?
Il me semble la voir,
Clorise trop cruelle !
    Pourquoy m'as-tu coupé jeu
    Quand je suis tout en feu ?

CHANSON

'Est vne folie D'auoir tant d'appas, D'estre si jolie, Et de n'aymer pas: Vous ressemblez, ma Philis, Aux roses & aux lys.

POVR DANSER.

Les lys & les roses,
Passent en vn jour,
Les voyant escloses
On leur fait l'amour.
    Vous ressemblez.

Tout le monde admire
Leurs viues couleurs,
Et chacun desire
De si belles fleurs
    Vous ressemblez.

Moins que deux journées
Durent leurs appas,
Puis estans fanées
Qui en fait de cas?
    Vous ressemblez.

Pendant vostre Aurore
Et vostre Printemps
Que l'on vous adore,
Ne perdez le temps :
    Car vous ressemblez, Philis,
    Les roses, & les lys.

B iiij

CHANSON

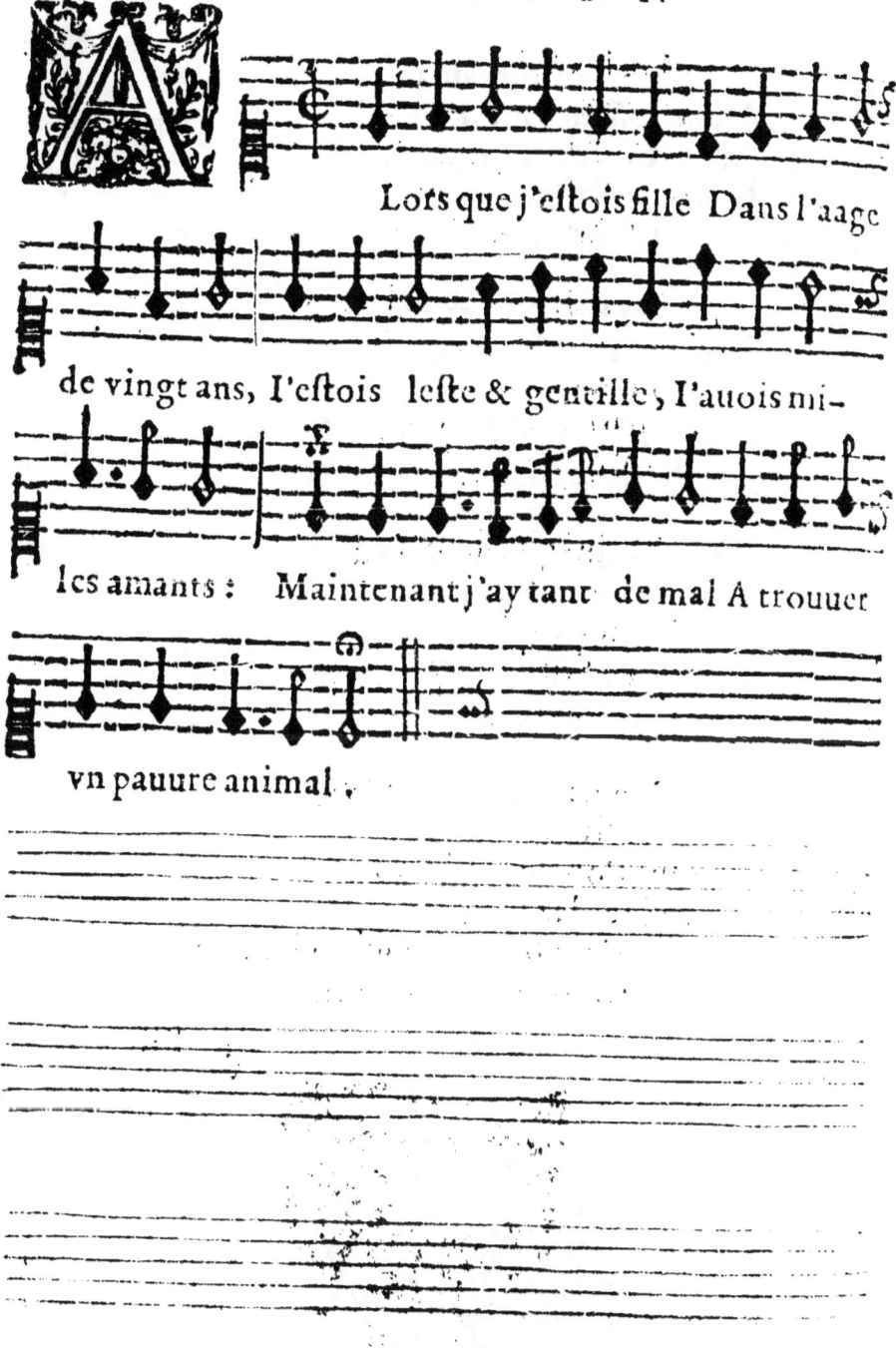

Lors que j'estois fille Dans l'aage de vingt ans, I'estois leste & gentille, I'auois mi-les amants: Maintenant j'ay tant de mal A trouuer vn pauure animal.

POVR DANSER.

L'vn me disoit, ma belle,
Vous possedez mon cœur :
L'autre disoit, cruelle,
Cessez vostre rigueur.
    Maintenant.

Vous estes sans exemple,
Vos merites sont tels
Qu'il vous faudroit vn temple,
Des vœux, & des autels.
    Maintenant.

Que puis-je plus vous dire
De ces gentils amans ?
Ie causois leur martyre,
Leurs peines, leurs tourmens.
    Maintenant.

Vous cognoissez ma peine,
Soulagez mon esmoy ?
Las ! monsieur, que je meine
Si vous vouliez de moy,
    Ie n'aurois plus tant de mal
    A trouuer vn gros animal.

B v

CHANSON

'Espoir est hors de saison, L'on va marier Gilette: Helas! que je la regrette, S'il faut que ce Iean Loyson Empesche nos petits jeux Où l'on ne joüe que deux.

POVR DANSER.

Ma Gilette, mon trognon,
Mon Nonault, ma folichonne,
Que deuiendra ton mignon
S'il faut que tu m'abandonne ?
    Voudrois-tu finir nos jeux
    Où l'on ne jouë que deux ?

N'auray-je plus le pouuoir
De te mener au boccage ?
Ne te feray-je plus voir
A l'enuers le beau fueillage ?
    Voudrois-tu.

Ne viendras-tu plus la nuit
Doucement m'ouurir la porte ?
Quoy ? tout cela ne t'importe,
Ne te fasche, ne te nuit.
    Voudrois-tu.

Gilette escoutant Martin,
Ayant pitié de sa peine,
Luy dit, viens à la fontaine
Demain au plus grand matin,
    Pour joüer nos petis jeux,
    Où ne faut estre que deux.

CHANSON

Ambin a parié Auec le gros Iacques, Qu'il fera marié ; Auant qu'il soit Pasques : Et moy je gage vn escu Que Lambin sera cocu.

Il a fort bon esprit,
Vn chacun l'estime,
Il a mis par escrit
L'alphabet en rime.
    Ie gagerois vn escu
    Que Lambin sera cocu.

Il a fait de beaux vers
Pour sa fiancée,
Qu'elle a l'œil de trauers,
Voila sa pensée,
    Ie gagerois.

Lorsque ie voy tes yeux,
Disoit-il à Ieanne,
Pargcy ie t'ayme mieux
Que Martin nostre asne.
    Ie gagerois.

CHANSON

A Rrive ce qui pourra, Ie remets la chose au pire : Quand ma mere le sçaura, Quoy que l'on en puisse dire Robinet robinera, Robinet me guerira.

Ie ne puis dormir la nuit,
A tous moments je m'esueille,
Tout m'importune, & me nuit,
Tant j'ay la puce à l'oreille.
　　　Robinet.

Pourquoy souffrir ces douleurs,
Quand je puis trouuer de l'aide?
Car pour mes pasles couleurs,
Robinet a le remede.
　　　Robinet.

Outre qu'il est bien gentil,
Qu'il joüe de la musette,
Il est encor plus subtil
Pour tromper vne fillette.
　　　Robinet.

Si Robinet vient me voir,
Ie ne seray plus mauuaise:
Et je luy feray sçauoir
Que je veux bien qu'il me baise.
　　　Robinet.

DIALOGVE

Minte vos beaux yeux Peuuent tout sur mon a-me. Berger, tu ferois mieux D'esteindre cette flâme : Puis que j'ayme mieux mourir Que de penser à te guerir.

Insensible à mes pleurs,
Tu te ris de ma peine.
Ie ris de tes douleurs,
Ton esperance est vaine :
 Car j'aymerois mieux.
 Fut-il jamais beauté
Plus barbare & cruelle ?
Tu nommes cruauté
Ce qu'honneur on appelle.
 Berger, j'ayme mieux.
 Ce fascheux poinct d'honneur
Est vne resuerie.
L'honneur est mon bon-heur,
N'en doute, je te prie :
 Puis que j'ayme mieux.
 Le temps adoucira
Vostre rigueur extresme,
Plustot la Seine ira
Contre sa course mesme :
 Car j'aymerois mieux.
 Donc pour vous trop aymer
Ie finiray ma vie.
On ne m'en peut blasmer,
Ie n'en ay pas l'enuie :
 Mais j'aymerois mieux.
 Ainsi de mon tourment
Vous ne faites que rire.
Pour ton soulagement
Adieu je te vay dire.
 Ie ne te veux secourir,
 Et l'absence te peut guerir.

SECOND LIVRE.   C

CHANSON

J'Adore vne merueille
Plus belle que le jour: Côme elle est sans pareille,
Aussi est mon amour: Et la voir sont les plaisirs Où je borne mes desirs.

C'est estre temeraire
De s'en nommer l'amant:
Moy, je veux pour luy plaire
L'adorer seulement.
    Qui sçait borner ses desirs
    N'est sujet aux desplaisirs.

Aussi toute ma peine
C'est quand je ne voy pas
Les beautez de ma Reyne,
Et ses diuins appas:
    Les voyant, sont les desirs
    Où je borne mes plaisirs.

Ce qui plus me soulage
Dans son esloignement,
C'est que j'ay son image
Peinte en mon jugement.
    La voyant.

C'est imiter les Anges
Qui sont dedans les Cieux,
De chanter les louanges
De Cloris aux beaux yeux.
    La voyant.

CHANSON

Je vous ayme, Clo-ris : Car vous estes tres-belle : Cessez d'estre cruelle, Es-loignez vos mespris : Et ne souffrez que vos appas Me causent le tres-pas.

Si je vous fay des vœux,
Mon cœur est la victime.
Seroit-ce pas vn crime
De mespriser mes feux ?
   Et de souffrir.

Mes feux sont immortels,
Non pas ceux des Vestales :
Ces flâmes sans esgales
Meritent vos autels.
   Ne souffrez donc.

La beauté sans l'amour
Est vne œuure imparfaite :
Si le Ciel vous a faite
Plus belle que le jour,
   Souffrirez vous.

Ouurez à l'amitié
Les portes de vostre ame,
Et quand je vous reclame
Ne soyez sans pitié,
   Et ne souffrez.

C iij

CHANSON

Ve Philis est belle, On n'adore qu'elle: Auſſi les plus beaux eſprits Par ſes doux charmes ſont pris. Et ſes beaux yeux par leur clarté Ont aueuglé ma liberté.

POVR DANSER.

Ie vis au village
Ce parfait visage,
Maintenant quand je la voy
Las! je ne suis plus à moy :
 Tant ses beaux yeux par leur clarté
 Ont aueuglé.

Ie voulois luy dire
Mon cruel martyre :
Mais la crainte que j'auois
M'osta l'effet de la voix.
 Tant ses beaux yeux.

Elle sçeut la flâme
Que j'ay dedans l'ame :
Car mes soupirs & mes pleurs
Disoyent assez mes douleurs :
 Et que ses yeux par leur clarté
 Ont aueuglé.

Ie l'ayme sans feinte,
Mon amour est saincte :
Mais je croy que ses appas
Me causeront le trespas :
 Comme ses yeux par leur clarté
 Ont aueuglé ma liberté.

CHANSON

Tyrcis est devenu leger, Tyrcis est devenu leger: Rien ne l'obligeoit à changer: Car je sçay bien qu'il m'ayme: Mais au lieu de m'en affliger Ie veux faire de mesme.

POVR DANSER.

    Il se plaignoit de ma rigueur,   bis.
Que mon œil estoit son vainqueur,
Et l'objét de sa flâme.
Elle n'est plus dedans son cœur
Non plus que dans mon ame.

    Dans le hameau, parmy les bois   bis.
L'on n'entendoit rien que sa voix
Publier ma loüange :
Il ne cherissoit que mes loix,
Et m'appelloit son Ange.

    Pour vne qui n'a de beauté   bis.
Qui retient son cœur arresté,
Il me laisse, & me quitte :
Elle n'a point en verité
Tant que moy de merite.

    Tu n'es pas riche, je le croy,   bis,
Cét autre a du bien plus que moy :
Tyrcis, je te pardonne :
M'auois-tu pas donné ta foy ?
Va, je te la redonne.

CHANSON

Hilis vostre changement Me fait vne inquietude: Ie croyois ma seruitude Vn effet de jugement, Ne sçachant que vostre amour Ne peut durer plus d'vn jour.

POVR DANSER.

Ie suis exempt de vos coups,
Non, je me trompe, la belle,
Ie crains ceux de vostre aisselle,
Si je m'approchois de vous :
  Mais les coups de vostre amour
  N'ont jamais duré qu'vn jour.

Si j'auois, quand il fait chaut,
D'vne estoffe aussi legere
Que vous estes, ma bergere,
Seroit bien ce qu'il me faut.
  Ainsi d'habits & d'amour
  Ie changerois chaque jour.

Que vostre change, Philis,
A produit beaucoup de changes,
Des mespris pour des louanges,
Des espines pour des lys :
  Changeant aussi mon amour
  Qui ne dura pas vn jour.

Vous n'aurez jamais d'amant,
Cognoissant vostre merite,
Qui dans le jour ne vous quitte
Pour vostre soulagement :
  Ainsi vous verrez l'amour
  Naistre & finir chaque jour.

CHANSON

Voy? n'est-ce pas assez, Petit Roy de nos ames? En bruslant de tes flâmes Mes jours se sont passez. Dõc tu veux que ton flambeau Me brusle jusqu'au tombeau?

POVR DANSER.

    Enfant aueugle, Amour,
Ay-je assez de merite
Pour esperer Carite,
Plus belle que le jour?
    Quoy? veux-tu.

    C'est vn roc que son cœur,
Par tout inaccessible,
Et c'est chose impossible
De s'en rendre vainqueur.
    Quoy? tu veux.

    Ses yeux pleins de mespris,
Aussi bien que de charmes,
Me liurent mile alarmes,
Et troublent mes esprits.
    Quoy? faut-il que.

    Mais je me plains à tort,
I'adore cette belle :
Ie souffrirois pour elle
Cent mile fois la mort :
    Et je veux que ton flambeau
    Me brusle jusqu'au tombeau.

DIALOGVE

Ngrat, je veux mourir, S'il faut que tu me quittes: Ie sens pour vous guerir mes forces trop petites: Et n'auoir qu'vn medecin, Ce n'est pas vostre dessein.

Cette ambiguité
Prouient de jalousie:
C'est vne verité,
Ce n'est point frenesie,
Si jamais je suis jaloux
Ce ne sera pas de vous.

Tu ne peux me changer,
Ou tu serois parjure:
Qui ne sçait se venger
Il merite l'injure.
Lors que vous n'aymiez que moy
Ie n'ay point manqué de foy.

Dans tes fascheux discours
Dis-moy celuy que j'ayme?
Vos lubriques amours
Sont en vn poinct extreme:
Car douze feroient bien peu
Pour esteindre vostre feu.

CHANSON

Vand je voy vostre embonpoint, Quãd
je voy vostre embonpoint, Sur ma foy je ne croy
point, Ma gentille Syluie, Qu'vn baiser Puisse appaiser Vostre amoureuse enuie.

POVR DANSER.

  L'Amour a d'autres appas   bis.
Que mile baisers n'ont pas.
Ne croyez pas (ma vie)
Qu'vn baiser
Puisse appaiser
Vostre amoureuse enuie.

  Allons sous ces arbrisseaux,   bis.
Proche de ces clairs ruisseaux,
L'Amour nous y conuie,
Alleger,
Et soulager
Nostre amoureuse enuie.

  Adonis tout plein d'amour   bis.
Venoit en ce beau sejour,
Et Venus son amie
Alleger,
Et appaiser
Leur amoureuse enuie.

  Ne viuons plus en langueur,   bis.
Vostre bel œil, mon vainqueur,
Tient mon ame asseruie :
Allegeons,
Et soulageons
Nostre amoureuse enuie.

SECOND LIVRE.   D

CHANSON

'Eſt en vain que ma maiſtreſſe Me defend de la baiſer : Car je n'ay que trop d'adreſſe Pour la ſçauoir appaiſer : Auſſi j'eſpere en peu de temps D'auoir vn plus grand paſſe-temps. téps. Auſ-

POUR DANSER.

Ie luy prens ses mains d'yuoire,
Que je luy baise souuent :
Ie vous supplie de croire
Qu'en amour je suis sçauant.
   Aussi j'espere.

Quand je prens sa belle gorge,
Elle dit, laissez cela :
Mais je jure par sainct George,
De n'en pas demeurer là.
   Puisque j'espere.

Ie pris d'vne main folastre,
Lors qu'elle n'y pensoit pas,
Ses belles cuisses d'albastre,
O dieux ! que je vis d'appas.
   Mais j'espere.

Seule il faut que je la trouue,
Bien-tost viendra ce beau jour :
Elle fera son espreuue
De ce petit jeu d'amour :
   C'est là le bien que je pretens
   Auoir dedans fort peu de temps.

        D ij

CHANSON

Bien que Tyrcis soit volage, Ie serois plus folle que sage, Bien que Tyrcis soit volage, Et qu'il m'ayt promis sa foy, Ie serois plus folle que sage; Si l'on m'en croyoit en esmoy.

La beauté perd sa puissance,
Qui doute que la jouïssance,
La beauté perd sa puissance
Ayant donné le plaisir,
Qui doute que la jouïssance
N'oste l'amour, & le desir?

Dit-on pas que la Nature,
Rien n'est si plaisant, je vous jure,
Dit-on pas que la Nature
Ne se plaist qu'au changement?
Rien n'est si plaisant, je vous jure,
Que changer d'amante, & d'amant.

Rien n'est si doux que le change,
C'est ainsi qu'il faut qu'on se vange :
Rien n'est si doux que le change,
Ie le sçay depuis trois jours :
C'est ainsi qu'il faut qu'on se vange,
Faisant de nouuelles amours.

Pour moy, c'est ainsi que j'ayme,
Et je tiens pour folie extresme,
Pour moy, c'est ainsi que j'ayme
Si l'on change, de changer,
Et je tiens pour folie extresme
Que vouloir par trop s'engager

CHANSON

C'Est à ce coup, Isabelle, Tu ne sçaurois eschapper : Ne pense pas me tromper En faisant de la rebelle. Cher Guillot, mets là ta main, Va, ce sera pour demain.

POVR DANSER.

Ne cherche plus de remife,
Ifabeau, je n'en puis plus :
Ces delais font fuperflus,
Puis que c'est chofe promife.
  Cher Guillot.

On fe mocque de la forte
De ceux qui font en prifon.
L'on met en cette maifon,
Il fort demain fur la porte.
  Mon Guillot.

C'est perdre que de remettre
La partie au jeu d'amour :
Ie perdray pluftot le jour,
Que telle faute commettre.
  Mon Guillot.

Semble que tu me veux battre,
Mauuaife, t'ay-je fait mal ?
Ie ferois vn animal
Si je ne fçauois t'abattre.
  Ifabeau, mets là ta main,
  Nous nous reuerrons demain

CHANSON

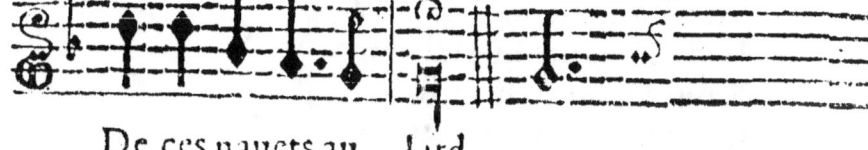

E fut au petit More, Las!
que n'y suis-je encore, Las! que n y suis-je encore
Au More à Vaugirard, Pour y manger encore
De ces nauets au lard.

POUR DANSER.

Robin Fichu, Iean Nicque
Y faisoient la musique,
Y faisoient la musique,
Auec dame Isabeau,
Y faisoient la musique,
Ioüant du chalumeau.

Il y suruint Perrette
Auec vne fillette,
Auec vne fillette
Qui n'auoit que quinze ans,
Auec vne fillette
Ie passay bien mon temps.

La fillette je meine,
Luy donnant pour estreine,
Luy donnant pour estreine
Tout au bout du jardin,
Luy donnant pour estreine
Vn morçeau de boudin.

Le compere Guillaume
Se mit dessus le chaume,
Se mit dessus le chaume,
Et Perrette auec luy,
Se mit dessus le chaume
Pour passer leur ennuy.

Nous y fismes la chere
Que l'on appelle entiere,
Que l'on appelle entiere,
Iamais je ne ris tant,
Que l'on appelle entiere,
Dieux! que j'estois content

CHANSON

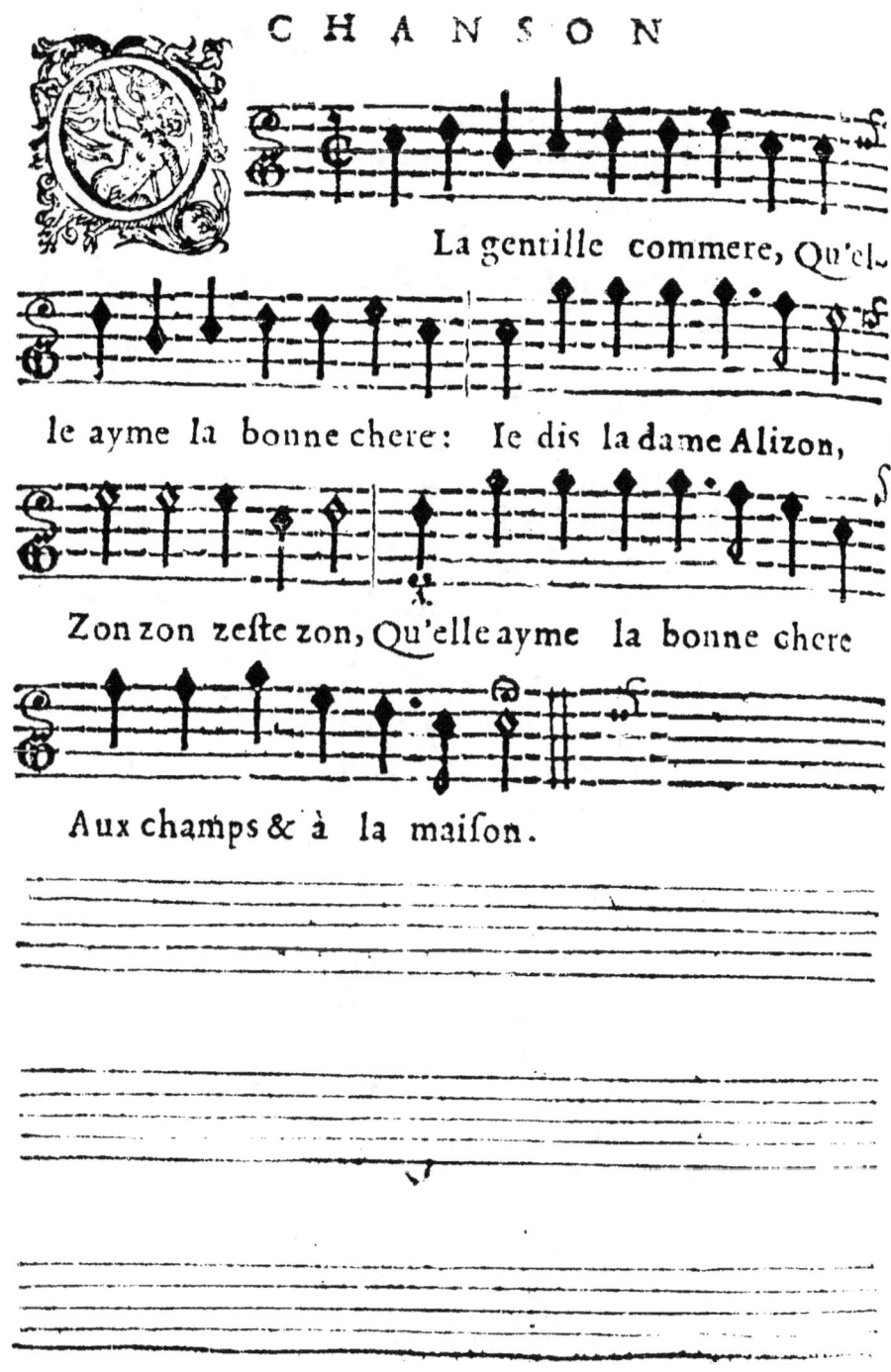

La gentille commere, Qu'elle ayme la bonne chere: Ie dis la dame Alizon, Zon zon zeste zon, Qu'elle ayme la bonne chere Aux champs & à la maison.

POVR DANSER.

Sa vertu, toute sa gloire,
C'est qu'elle sçait tres-bien boire :
Auec vn morceau de pin,
Pin pin relin pin pin
C'est qu'elle sçait tres-bien boire
Sept ou huict grands brocs de vin.

Sans moustarde, sans espice
Elle mange la saucisse :
C'est la saucisse à Colas :
Las las las las las !
Elle mange la saucisse,
Ou bien d'vn bon ceruelas :

Ie n'estois borgne, ny louche,
Quand je la vis sur sa couche
Vn jour de fort bon matin :
Tin tin relin tin tin,
Quand je la vis sur sa couche
Et le compere Martin.

Alizon n'est point mauuaise,
Car tout le monde la baise :
Asseurez vous de ce point,
Point point relin point point,
Que puis qu'vn laquais la baise,
Elle n'en refuse point.

CHANSON

Mon maistre n'est pas le maistre, Ie ne le sçay que trop bien: Sa femme qui le veut estre, Le gourmãde cõme vn chien. Il n'oseroit, sur ma foy, Seulement parler à moy.

POVR DANSER.

I'estois presque toute nuë
Quand il vint pour me toucher:
Il en eut d'vne venuë,
Ce fut de luy reprocher.
    Il n'oseroit.

L'autre jour il pensoit rire,
Et venoit pour me baiser:
Ha! vrayment, ce fut bien pire,
On ne pouuoit l'appaiser.
    Il n'oseroit.

Il voulut leuer ma cotte,
Et me prendre le teton:
Elle vint, m'appella sotte,
Et mon maistre eut du baston.
    Il n'oseroit.

Qu'elle enrage, qu'elle crie,
C'est où je prends du plaisir:
Lorsque mon maistre m'en prie,
Ie contente son desir.
    Elle absente, sur ma foy,
    Il a ce qu'il veut de moy.

CHANSON

E sçay que Margot le veut, Et son mary ne le peut : Son Robin elle regrette, Et de rage, ce dit-on, Toute la nuict elle pette, Et Lambin s'endort au son.

POVR DANSER.

Ie la plains, cette Margot,
D'auoir affranchy le mot :
Elle a dit Ouy, la pauurette,
Elle deuoit dire Non.
   Toute la nuict.

Ce sot jaloux ne veut pas
Sans luy qu'elle face vn pas ;
Quand elle sort il la guette,
La rameine à la maison,
C'est de rage qu'elle pette,
Et Lambin s'endort au son.

Elle a beau le caresser,
Il ne veut point l'embrasser :
Ainsi du pauure caillette
Ne pouuant auoir raison,
Toute la nuict Margot pette,
Et Lambin s'endort au son.

CHANSON

Ien qu'il m'ayt prise pour duppe, Ce drosle de Nicolas, Qu'il ayt fait leuer ma juppe, Et qu'il m'ayt pris en ses laqs, Pourueu qu'il ne me couppe jeu, Cela m'importune fort peu.

POVR DANSER.

Bien que parmy le village
On face mille discours
De ce que dans vn bocage
Seuls nous sommes tous les jours :
    Pourueu.

Bien que je sois mesprisée
Des bergeres d'alentour,
Et que toute leur risée
N'est que dessus nostre amour :
    Pourueu.

Bien que mon frere me prie
De m'empescher de l'aymer,
Et que ma mere me crie,
Et qu'elle veut m'assommer :
    Pourueu.

Outre que l'on me mesprise,
Et les maux que j'ay soufferts,
Qu'on me tuë, qu'on me brise,
Ou qu'on m'ordonne des fers :
    Pourueu.

SECOND LIVRE.

AV LECTEVR.

HER LECTEVR, Ce seroit abuser de vostre bonté, si apres les plaintes qui m'ont esté faites, je continuois à vous donner des liures de chansons à danser, sans y adjouster des chansons à boire : & par ce moyen vous oster la moitié de la satisfaction que vous esperez de ce petit liure. Mais comme la plus grand' part de ceux qui en font à danser, n'en font point à boire, & qu'ils ne desirent pas que leurs œuures soyent meslangées : I'ay esté contraint de leur obeir,

& de relafcher de ce que j'auois accouſtumé de faire : Ce qui ſeroit encor arriué ſi je ne l'auois fait trouuer bon à cét autheur, qui pour n'en auoir fait que deux : & jugeant bien que c'eſtoit trop peu pour vous contenter, a bien voulu que j'en aye adjouſté quelques autres, & particulierement de celles que j'ay cogneu vous eſtre fort agreables ; ce que je vous ſupplie vouloir receuoir auec autant d'affection que celuy qui vous les offre a volonté de vous plaire & ſeruir. Adieu.

CHANSON

Vseaux enluminez, Chers
Nous sommes destinez Pour
enfants de la treil- le :
faire icy merueil- le. Allons le
verre en main Buuons, buuons, buuons, Allons le
verre en main Buuons jusqu'à de-main.

Sus, sus, meschers amis,
Qu'vn chacun se réueille,
Faut-il estre endormis
En voyant la bouteille ?
Allons.

POUR BOIRE.

Vseaux enluminez, Chers
Nous sommes destinez Pour
enfants de la treil- le :
faire icy meruueil- le. Allons le
verre en main Buuons, buuons, buuons. Allons le
verre en main, Buuons jusqu'à de- main.

Si quelqu'vn ne boit point,
Il faut qu'il se retire :
Ie veux que mon pourpoint
Creue à force de rire.
    Allons.

CHANSON

Enfin j'en suis retiré, Ie ne voy plus Syluie : Mon esprit tant martyré A quitté cette enuie : Ie prefere à ses appas Le plaisir d'vn bon repas.

Il est bien vray que ses yeux
Auoient causé ma flâme :
Ie les appellois mes dieux,
Et les roys de mon ame :
   Maintenant à ses appas
   Ie prefere vn bon repas.

I'aduouë aussi que son sein,
Plus blanc que n'est l'albastre,
Fortifioit le dessein
De m'en rendre idolatre,
   Maintenant.

POVR BOIRE.

EN fin j'en suis retiré, Ie ne voy plus Syluie : Mon esprit tant martyré A quitté cette enui-e : Ie prefere à ses appas Le plaisir d'vn bon repas.

Aussi j'estois son deuot,
Comme elle estoit ma saincte :
Ie luy faisois en vn mot
Mes prieres sans feinte.
  Maintenant.

Elle payoit de mespris
Mes vœux & mes prieres :
Ie n'en ay point à ce prix,
Elle a eu les dernieres :
  Et je cheris vn repas
  Plus que ses charmans appas.

CHANSON

Euez vous pas au moindre signe

Entendre que je veux du vin? vin? Et quoy? faut-

il leuer la main, Bransler la teste, hausser l'eschine,

J'enrage de me tant tourner, Ayez le soin de

deuiner.

Vn garçon a bien de la gloire
Lors que le pot est abatu,
Et c'est vn acte de vertu
Que de sçauoir verser à boire.
     J'enrage.

POVR BOIRE. 37

Euez vous pas au moindre signe
Entendre que je veux du vin? vin? Et quoy? faut
il leuer la main, leuer la main, Bransler la
teste, hausser l'eschine? I'enrage de me tant tourner, Ayez le soin de deuiner.

La soif est assez importune,
Sans y mesler d'autres accidents,
Vne autre-fois soyez prudents,
Que cette loy vous soit commune,
D'aller promptement au buffet
Au moindre signe qu'on vous fait.

F r

CHANSON

E boy à qui l'on voudra, Ie par-
le à qui respondra : Puis que pas vn ne respond
A ma voix qui vous semond, Voicy mon second.

Voicy mon second.

  C'est estre fort dans le vin
  Que d'estre prestre Martin,
  Ie chante & respond pour deux,
  Et s'il faut boire pour eux,
  C'est ce que je veux.   bis.

  Le choc de ces verres pleins
  Fait vn tel bruit en mes mains,
  Que dans ce ventre profond
  I'entends Echo qui respond,
  Ie suis ton second.   bis.

POVR BOIRE. 38

E boy à qui l'on voudra, Ie par-
le à qui respondra: Puis que pas vn ne res-
pond A ma voix qui vous semód. Voi-cy 
mon second. Voicy mon second.

  Hercule surmontoit tout,
  Mais deux en venoient à bout:
  Que n'est-il de mes riuaux,
  I'estoufferois ces trauaux
  Entre deux treteaux.   bis.

CHANSON

Vi sçait gouster la vie, Il n'est pas malheureux: Ceux qui n'en ont enuie, Ie dis du bren pour eux. Viue la goinfrerie, Viue l'yurongneri- e.

    Mon esprit se réueille,
    Quoy que je sois bien saoul,
    Au son d'vne bouteille
    Quand elle fait glou glou.
        Viue.

    L'auare qui demeure
    Au logis de l'escu,
    Il luy faut à toute heure
    L'Apoticaire au cul,
        Viue.

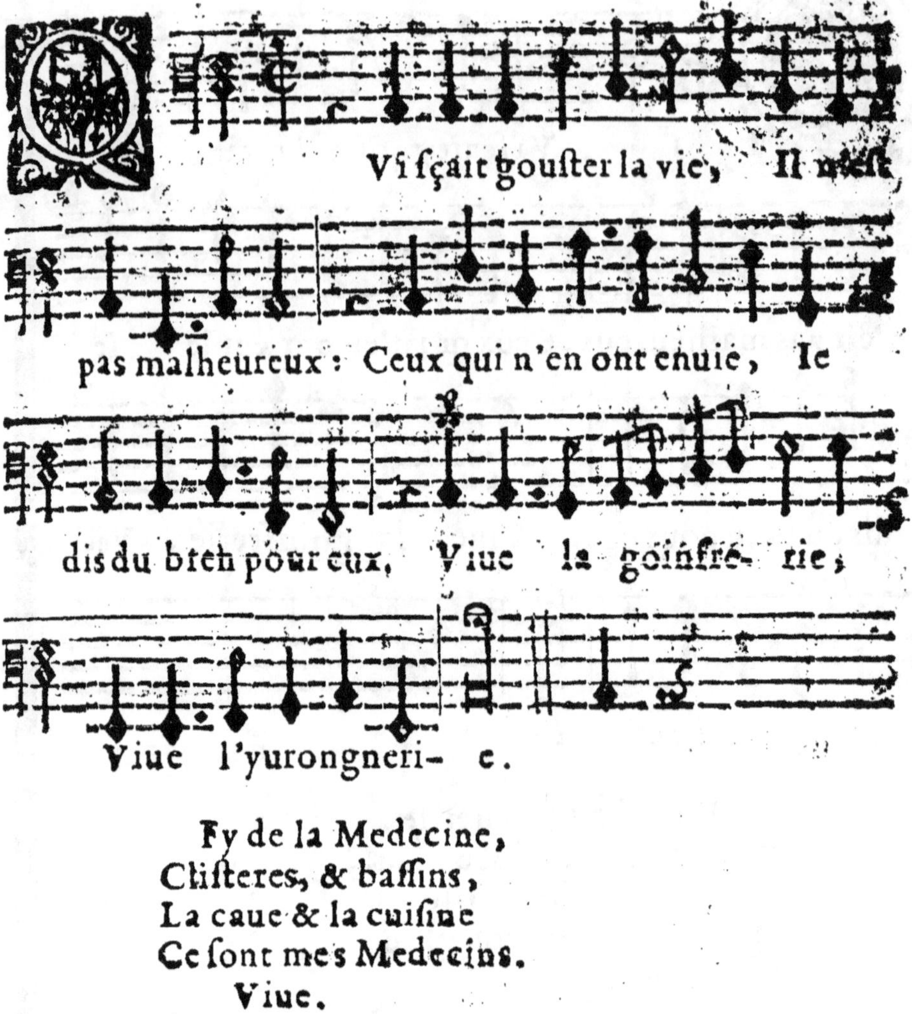

POVR BOIRE.

*Vi sçait gouster la vie, Il n'est
pas malheureux: Ceux qui n'en ont enuie, Ie
dis du bien pour eux, Viue la goinfre- rie,
Viue l'yurongneri- e.*

 Fy de la Medecine,
Clifteres, & baffins,
La caue & la cuifine
Ce font mes Medecins.
  Viue.

CHANSON

Vi ne boit pas est insensé,
Faut que son nom soit effacé
Il est ennemy de la vie:
Du liure de la goinfrerie.
Vn homme qui a du soucy Ne doit jamais venir icy.

Que diable vient faire vn resueur
Dedans vne Bacchique trouppe?
Il tient la place d'vn buueur
Qui vuideroit souuent sa couppe.
   Vn homme.

Toûjours vn auaricieux
Est recogneu dans le visage,
Lors que chacun deuient joyeux,
Il creue, il deteste, il enrage.
   Vn homme qui est fait ainsi
   Ne doit jamais venir icy.

POVR BOIRE.

Vi ne boit pas est insensé,
Faut que son nom soit effacé

Il est ennemy de la vie, de la vie:
Du liure de la goinfrerie, goinfrerie,

Vn homme qui a du soucy Ne doit jamais ve-

nir icy:

    Viue les enfants de Bacchus,
    Viue à jamais l'yurongnerie:
    Amy, l'vsage des escus
    N'est fait que pour la goinfrerie.
      Vn homme qui veut viure ainsi
      Est bien venu en ce lieu-cy.

CHANSON

Her Philandre, Veux-tu rēdre Par-
Que les filles Bien gentilles, Et
fait vn excellent re- pas,
le bon vin n'y manque pas: Car c'est chere entiere, crois moy, Quād je baise, & quand je boy: Car
c'est chere entiere, crois moy, Quād je baise &
quand je boy. boy. Car

  Quelle joye
Quand je noye
Mes ennuis dedans vn bon vin!
Mais à l'aise
Si je baise,
Alors c'est vn plaisir diuin.
  Car c'est.

POUR BOIRE. 41

Cher Philandre, Veux-tu rendre
Que les filles Bien gentilles,

Parfait vn excellent re-pas?
Et le bor vin n'y manque pas. Car c'est cher'en-

tiere, crois-moy, Quãd je baise & quãd je boy. Car

c'est chere, entiere crois-moy, Quãd je baise &

quand je boy. boy. Car

    Donc, Philandre,
Nous faut prendre
Bacchus, & l'Amour pour nos dieux:
Ie te jure,
Et t'asseure
Que l'on ne sçauroit faire mieux.
    Car c'est.

SECOND LIVRE.

CHANSON

Puis que l'on nous a fait defen-
se De porter aucun passement, Ie fais faire vn
habillement De peau de jambon de Mayence.
De cette façon j'obeïs A tous les Edicts
de Paris.

    Mes amis, que je seray braue,
    Tout le monde voudra m'aymer,
    Et je me feray parfumer
    Auec de l'essence de caue.
       De cette façon.

    Ie veux croire que l'on conseille
    Toutes choses pour nostre bien :
    Pourueu que l'on ne face rien
    Contre les loix de la bouteille.
       Ie suis content.

POVR BOIRE.

Vis que l'on nous a fait defense
De porter aucun passement, Ie fais faire vn
habillement De peau de jambon de Mayence.
De cette façon j'obeïs A tous les Edicts
de Paris.

Que cét Edict soit de durée,
Ou qu'il ne soit que pour deux jours,
Pourueu que je boiue toujours,
Et que la table soit parée,
 Ie suis content.

DIALOGVE

Vel bruit sous ce tombeau?
L'ame d'vn buueur d'eau. Aux hostes des riuieres Demande des prieres. Faut-il, ô cher buueur,
que je t'implore en vain? Verse, verse,
dessus ma fosse v— ne larme de vin.

Le vin est pour nos corps.
Ayez pitié des morts.
Laisse en repos le monde,
Va t'en boire dans l'onde.
    Faut-il.

Ennemy de Bacchus.
J'amassois des escus.
Que tes tresors, infame,
Paissent boire ton ame.
    Faut-il.

POVR BOIRE. 43

Vel bruit sous ce tombeau?
L'ame d'vn buueur d'eau. Aux hostes des ri-
nieres Demande des prieres. Faut-il, ô
cher buueur! que je t'implor' en vain? Verse, verse verse dessus ma fosse vne larme de vin.

    Tu ne peux trop pâtir.
Reçoy mon repentir.
Estant dessus la terre,
Falloit cherir le verre.
    Faut-il.

    Va t'en, retire toy.
Helas! secoure moy.
Que ta soif soit égale
A celle de Tantale.
    Faut-il.

TABLE
DV SECOND LIVRE.

A
Lors que j'estois fille. feuil. 13
Amour, tyran de nos ames. 2
Arriue ce qui pourra. 16

B
Bien que Tyrcis soit volage. 17
Bien qu'il m'ayt prise pour Juppe. 33

C
Ce fut au petit More. 29
Ce printemps est si doux. 6
C'est à ce coup, Isabelle. 28
C'est en vain que ma maistresse. 26
C'est vne folie. 11

D
Dans l'absence de madame 7

I
I'adore vne merueille. 18
Ie suis le plus heureux berger. 10
Ie sçay que Margot le veut. 32
Ie vous ayme, Cloris. 19
Il est trop vray, Cloris, 3

L
I'ambin a parié. 15
Le printemps & ma belle. 2
L'espoir est hors de saison. 14
Lors que je suis absent. 4

M
Mon maistre n'est pas le maistre.

TABLE.

N
Nos bergers sont contents. 9

O
O la gentille commere ! 30

P
Philis, vostre changement. 22

Q
Quand je voy vostre embonpoint. 25
Que Philis est belle ! 20
Quoy ? n'est-ce pas assez. 23

R
Rochers, antres, & bois. 11

T
Tyrcis est deuenu leger. 21
Trop fascheux poinct d'honneur. 5

DIALOGVES.

Aminte, vos beaux yeux. 17
Ingrat, je veux mourir. 24

CHANSONS A BOIRE.

Cher Philandre. 41
Deuez-vous pas au moindre signe. 37
En fin j'en suis retiré. 36
Ie boy à qui l'on voudra. 38
Museaux enluminez. 35
Puis que l'on nous fait defense. 42
Quel bruit sous ce tombeau ? 43
Qui ne boit pas est insensé. 40
Qui sçayt gouster la vie. 39

FIN.

EXTRAIT DV PRIVILEGE.

PAR LETTRES PATENTES DV ROY données à Lyon le vingt-quatriesme jour d'Octobre, l'An de grace Mil six cens trente-neuf, & de nostre regne le trentiesme. Signées, LOVIS, & plus bas, PAR LE ROY, DE LOMENIE. Scellées du grand sceau de cire jaune: Verifiées & Regiſtrées en Parlement le dix-septiesme Nouembre 1639. Par lesquelles il est permis à Robert Ballard, seul Imprimeur du Roy pour la Musique, d'imprimer, faire imprimer, vendre & distribuer toute sorte de Musique, tant vocale, qu'instrumentale, de tous Autheurs: Faisant defence à toutes autres personnes de quelque condition & qualité qu'ils soyent, d'entreprendre ou faire entreprendre ladite Impression de Musique, ny autre chose concernant icelle en aucun lieu de ce Royaume, Terres & Seigneuries de son obeïssance: nonobstant toutes Lettres à ce contraires: ny mesme de tailler, ny fondre aucuns Caracteres de Musique sans le congé & permission dudit Ballard, à peine de confiscation desdits caracteres & impressions, & de six mile liures d'amende, ainsi qu'il est plus amplement declaré esdittes Lettres. Saditte Majesté voulant qu'à l'Extrait d'icelles mis au commencement où fin desdits liures imprimez, foy soit adjoustée comme à l'original.

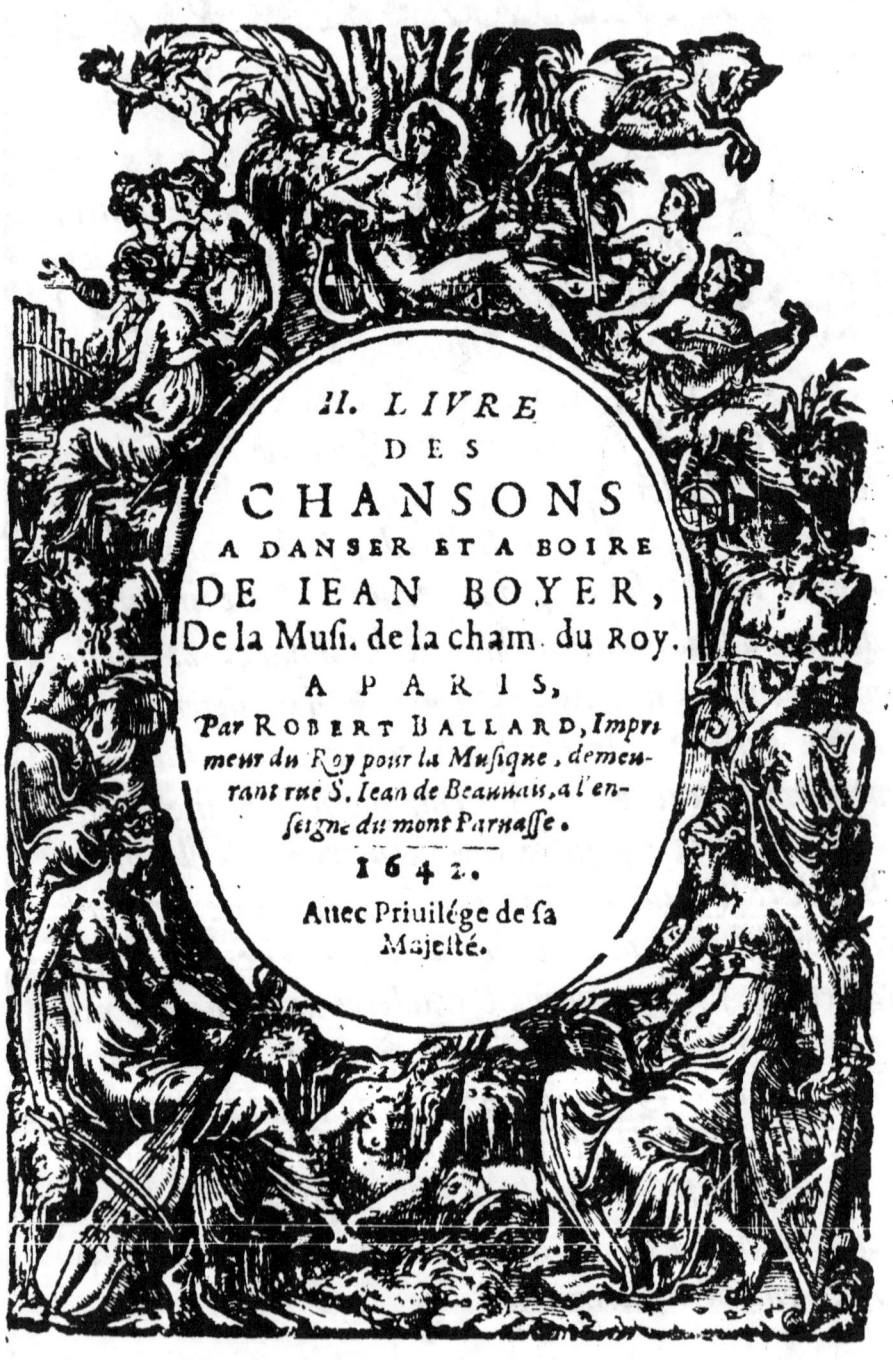

II. LIVRE
DES
CHANSONS
A DANSER ET A BOIRE
DE IEAN BOYER,
De la Musi. de la cham. du Roy.
A PARIS,
Par ROBERT BALLARD, Imprimeur du Roy pour la Musique, demeurant rue S. Iean de Beauuais, a l'enseigne du mont Parnasse.
1642.
Auec Priuilége de sa Majesté.

CHANSONS
POVR DANSER.

Ourquoy me veux-tu condá-ner A la rigueur d'vne re-mise? Tu peux aujourdhuy me dóner La faueur que tu m'as promise; Mais ton cœur trop inhu-main Me remet encor à demain.

POVR DANSER.

Tu voudrois faire repoſer
Mon amour ſur vne inconſtance :
Tu me viens toujours oppoſer
A mon bon-heur vne eſperance,
   Et ton cœur, trop inhumain,
   Me remet encor à demain.

Le futur eſt trop incertain,
N'ayez pas peur que j'abandonne
Le beau preſent que ce deſtin
Si liberallement me donne.
   Mignonne, au cœur inhumain,
   Ie n'attendray pas à demain.

A ij

CHANSON

'Honneur, & mon pucelage
Sont en proçes de long-temps, Sur le desir que je
sens Attendant le mariage: Mais je vous
dis mon secret, Ie suis pucelle à regret.

POVR DANSER.

Vn pucelage est sensible.
On le sent jusques au cœur :
Mais l'honneur est sans vigueur,
Et mesme n'est pas visible.
    Pourquoy donc tenir secret
    D'estre pucelle à regret ?

    L'honneur dedans la contrainte,
Où mon plaisir est sous-mis,
A rendu mes ennemis,
Et le desir, & la crainte,
    Puisqu'il faut tenir secret
    D'estre pucelle à regret.

    Mais aussi mon pucelage
Est tout prest à m'estrangler :
Ie ne le sçaurois reigler,
Pour moy je croy qu'il enrage,
    Si je ne dis mon secret,
    D'estre pucelle à regret.

    Le mieux que je puisse faire
Affin d'appaiser mes feux,
C'est de les bannir tous deux,
Ils ne font que me desplaire :
    Mais il faut tenir secret
    Qu'on est pucelle à regret.

CHANSON

Ette beauté fiere & cruel-
le M'ordonne de seueres loix, Et quãd j'ay fait
ce que je dois, Ie suis traitté comme re- belle: O Cieux! auez vous donc osté Le sentiment à la beau-té?

Elle se plaist à me defendre
Tout ce qui peut me soulager:
Et si mon soin croit l'obliger,
Vn seul regard me vient apprendre
    Que rien n'est pareil à ses yeux,
    Et qu'on n'oblige point les Dieux.

Ie rends esgalle ma constance
A mes extresmes passions:
On ne void en mes actions
Que respect, & qu'obeissance:
    Et c'est vn crime de penser
    Qu'elle m'en doit recompenser.

Dure loy, dure destinée,
Si rien ne la peut esmouuoir:
Luy dois-je vne foy sans espoir?
Cette fin m'est elle ordonnée?
    Luy dois-je vn amour sans desir,
    Et tant de peines sans plaisir?

A iiij

CHANSON

Philis que vostre esloignement Donne à mon ame à tout momēt De peine, & de martyre : Ha ! que l'absence est vn grād mal, Il n'est point de tourment es-gal.

POVR DANSER.

Belle, depuis que vos beaux yeux,   bis
Ne brillent plus dedans ces lieux,
Mon cœur toujours soupire.
    Ha! que l'absence.

Parmy les plus facheux ennuits,   bis
Ie passe les jours & les nuits,
Et je ne fais que dire,
    Ha! que.

Amour, toy qui peux tout sçauoir,   bis
Seray-je long-temps sans reuoir
Celle que je desire?
    Ha! que.

CHANSON

I ma Villageoise on trouuoit
D'ordinaire dans le village: Les charmants
attraits que l'on void esclatter des- sus son visage: Qui ne quitteroit pas les plus belles citez Pour
estre aupres de ses beau- tez?

POVR DANSER.

Si d'vn ton plein de majesté,
La plus grande Reyne du monde,
A prononcé que ta beauté
N'a point icy bas de seconde :
   Qui peut apres cela refuser d'adorer
   Celle qu'on void tant admirer ?

Si mesme tes yeux m'ont appris
L'empire qu'ils ont sur les ames,
Et comme ils te donnent le prix
Par dessus les plus belles dames :
   Qui me peut empescher d'éleuer des autelz
   A des yeux que j'estime telz ?

CHANSON

PHilis, quand tu te plains de
moy, Philis, quand tu te plains de moy,
Tu mets mõ cœur en grãd es-
moy, Tu mets mõ cœur en grãd es- moy:
Tu n'as plus de souuenance Que tu chantois
l'autre jour: Auoir trop de patience, C'est a-
uoir trop peu d'a- mour.

Quand tu te plains de mes ardeurs, bis
Et que je blasme tes froideurs :
    Tu n'as plus.

Quand tu me dis que j'ay grand tort, bis
De me donner ainsi la mort :
    Tu n'as plus.

Quand pour appaiser mes tourments, bis
Tu dis, faut attendre le temps.
    Tu n'as plus.

CHANSON

JE suis repris depuis peu, L'Amour r'entre dans mon ame: Mais atteint d'ũ plus beau feu, Ie m'escrie dans ma flâme, L'œil brun n'est plus mon vainqueur, La blonde a rauy mon cœur.

POVR DANSER.

Cét objét pour qui je meurs,
Ce beau poil blond qui m'enchaifne,
Au plus fort de mes douleurs
Me fait crier dans ma gefne,
    L'œil brun.

Ie ne voy rien de si doux
Que les traits de son visage,
Et percé de mile coups
Ie dis, reprenant courage,
    L'œil brun.

Chacun publie en ces lieux
Qu'elle n'a point de seconde,
Et les charmes de ses yeux
Font dire par tout le monde,
    L'œil brun.

Où estoit mon jugement
Quand je vantois vne brune?
I'estimois au Firmament
Le Soleil moins que la Lune.
    L'œil brun.

CHANSON

Treues de cajollerie, Faut en venir à l'effet: Ie n'entens point raille-rie, Ie veux estre satisfait. Souuent vn bai-ser promis Se perd quand il est remis.

POUR DANSER.

Tous ces jeux, & ces caresses
Qui ne plaisent qu'vn petit,
Ne sont rien que des finesses
Pour me mettre en appetit.
    Souuent.

Ces baisers pleins d'amourettes
Qui me contentent fort peu,
Ne seruent que d'allumettes
Pour mieux attiser mon feu.
    Souuent.

Ces languissantes œillades
Au lieu de me secourir,
Rendent tous mes sens malades,
Et me vont faire mourir,
    Souuent.

Accordez-le moy, madame,
Vous en receurez du bien,
Ie vous jure sur mon ame
Qu'on n'en sçaura jamais rien,
    Souuent.

SECOND LIVRE DE BOYER.   B

CHANSON

Elle, je ne vous puis celer Le mal que je souffre en mon ame, A quoy bon de dissimuler, Et n'oser descouurir sa flame. Ouy, je me meurs en vous aymant, Dónez moy du soulagement.

POVR DANSER.

Ie ne faisois que m'attrister,
Ie ne trouuois point de remede :
Ie ne pouuois plus resister
A la douleur qui me possede :
　Ie me mourrois en vous aymant,
　Sans auoir du soulagement.

Maintenant que vous cognoissez
L'excez de mon cruel martyre,
Et que c'est vous qui me blessez,
Que c'est pour vous que je soupire :
　Afin que je viue en aymant,
　Donnez-moy du soulagement.

B ij

CHANSON

Philis me baisoit l'autre jour A l'ombre d'vn boccage, Et soupirant pour moy d'amour Me tenoit ce langage: Ha! ha! je meurs! ô dieux! helas! Que de plaisir en ces es bas.

Afin de la rebaiſer mieux
Sur l'herbe je la couche:
Ie mis mes yeux deſſur ſes yeux,
Ma bouche ſur ſa bouche.
   Ha! ha! je meurs.

Elle me dit, helas! mon cœur,
Que fays-tu? je me paſme!
Ce baiſer à tant de douceur
Qu'il me fait rendre l'ame.
   Ha! ha! je meurs.

Ma belle, ſoupire vn peu bas
De peur qu'on ne t'eſcoutte:
Ce doux plaiſir à tant d'appas
Qu'il vaut bien qu'on le gouſte.
   Ha! ha! je meurs.

Comment veux-tu donc doucement,
Mon cœur, que je ſoupire?
Apprends-le moy, mon cher amant,
C'eſt ce que je deſire.
   Ha! ha! je meurs.

CHANSON

Philis, tu sçays que je t'ayme? Philis, tu sçays que je t'ayme? Et que je te l'ay moy-mesme Beaucoup de fois protesté : Ha! je me meurs! je soupire, Ha! je meurs pour ta beauté.

POVR DANSER.

Tu sçays bien en ta pensée,   *bis*
Que j'ay mon ame blessée,
Et que je suis tourmenté.
    Ha! je me meurs!

Ie ne sçaurois plus me feindre,   *bis*
Mon feu ne se peut esteindre,
Philis, je suis transporté.
    Ha! je me meurs!

CHANSON

Loris me semble fort belle,
Son teint à beaucoup d'appas: Mais son humeur si cruelle, Fait que je ne l'ayme pas. Qui m'aymera
constament, Ie l'aymeray fi-dellement.

POUR DANSER. 13

Son visage en apparence
Fait bonne mine aux amants:
Mais par vne indiference
Son cœur cause des tourments.
Qui m'aymera.

Son esprit est estimable,
Il charme toute la Cour:
Mais elle est impitoyable
A ceux qui luy font l'amour.
Qui m'aymera.

Quelque amitié legitime
Qu'on jure de luy porter,
Elle croit que c'est vn crime
Qu'on forge pour la tenter.
Qui m'aymera.

CHANSON

E me meurs, ma belle, Sans dire mon mal: Vn arrest fatal Fait que je le cele, Et que je souffre pour celle Qui n'a rien d'esgal.

POVR · DANSER.

Ie pleure sans feinte
Au creux de ce bois;
Vn soupir par fois
Esuente ma plainte,
Que le respect tient contrainte
Sous ces dures loix.

I'ay dans ma souffrance
Ce seul reconfort,
Que bien-tost mon sort,
Et ma patience
Auront enfin récompense,
Où verront ma mort.

CHANSON

L'Enfant de Citherée De son dard m'a bleſſée, Au cœur ſi viuement, Que toute deſolée, Ie vays toujours diſant, Où es-tu mon amant?

POVR DANSER.

Que ce charmeur m'affolle
De m'oster sa parolle,
De mon cœur l'aliment:
Rien plus ne me consolle,
Et vays toujours disant,
Où es-tu, cher amant?

Ie le prie sans cesse,
Et souuent le caresse,
Pensant le deçeuoir:
Mais toute ma finesse
Ne force son vouloir
A me venir reuoir.

Que fera ton attente,
O miserable amante,
S'il fait plus de séjour?
Ce penser me tourmente,
Et les desdains d'amour
Qui durent plus d'vn jour.

CHANSON

E m'en allois pourmenāt le long d'vne prairie, Ie rencontray Ieanneton sur l'herbette fleurie : Il fait bon trouuer sur le jonc bergere endormie.

POUR DANSER.

Je rencontray. &c.
Ie luy taſtay ſon teton : mais tout ſoudain s'eſcrie.
Il fait bon.

Ie luy taſtay. &c.
Hola ho ! tout beau, garçon, tu fays vne folie.
Il fait bon.

Hola ho ! &c.
Si ma mere le ſçauoit il iroit de ma vie.
Il fait bon.

Si ma mere. &c.
Si ta mere le ſçauoit elle y prendroit enuie.
Il fait bon.

Si ta mere. &c.
C'eſt vn doux jeu maintenāt où l'Amour nous conuie.
Il fait bon.

C'eſt vn doux jeu. &c.
Baiſe moy donc, Ieanneton, ma belle, je t'en prie.
Il fait bon.

CHANSON

'Autre jour deſſus la fouge-re Vn berger de bonne façon, Couuert de l'om-bre d'vn buiſſon Entretenoit vne bergere, Et luy diſoit, en la baiſant, Iouiſſons d'vn lieu ſi plaiſant. ſant. Et

POUR DANSER.

Toute chose nous y conuie
Au doux passe-temps de l'amour :
L'ombre nous y defend du jour,
La solitude, de l'enuie :
    Iamais les regards des jaloux
    N'entrerent en vn lieu si doux.

Si nous bruslons de mesme flâme,
Pourquoy ne veux-tu l'appaiser ?
Sens-tu pas qu'icy le baiser
Penettre jusqu'au fond de l'ame ?
    Les plaisirs y sont infinis,
    Et tous les maux en sont bannis.

Lors que tu te mets en defence
Pour t'opposer à mon desir,
Tu combats contre ton plaisir,
Ta vertu te fait vne offence :
    Sçache qu'en ce duel ardent
    Tu ne peux gaigner qu'en perdant.

A la fin la belle bergere,
Manquant de force, aussi de cœur,
A la mercy de son vainqueur
Se trouua dessus la fougere,
    Et le berger en mesme temps
    Rendit tous ses desirs contents.

SECOND LIVRE DE BOYER.

CHANSON

EN fin deliuré d'Amarante, Ie la renonce pour amante, Toute aymable & belle qu'ell'est, Fut-elle cent fois plus diuine, Sa suffisance me desplait, Et reuiens à ma Catherine.

POVR DANSER.

Pour vn meschant petit sousrire,
Qui sans douter ne veut rien dire,
Elle pense m'auoir touché :
Mais à tort elle s'imagine
Que pour elle à si bon marché
I'abandonne ma Catherine.

En amour, toute la finesse
Est de laisser là qui nous laisse,
Et de bannir qui nous bannit :
I'ayme la rose sans espine,
Et sçauez vous qui m'en fournit,
C'est ma petite Catherine.

Ostez-moy ces beautez seueres,
Qui s'ayment, & qui n'ayment gueres,
On ne sçauroit plus mal choisir :
Au-moins est-ce là ma doctrine,
Et n'est au monde vn tel plaisir
Que d'auoir vue Catherine.

Elle à beau faire la Lucresse,
Ce n'est que jeu, ce n'est qu'adresse,
Son cœur n'y va pas consentant :
Qu'elle n'en face point la fine,
Elle en voudroit tenir autant,
Que m'a petite Catherine.

CHANSON

Vy, j'adore cette beauté Dont vous me faittes tant la guerre, Et pour cette diuinité, C'est peu que reigner sur la terre: Elle merite que les dieux La reuerent dedans les Cieux.

POVR DANSER.

Ce beau flambeau de l'Vniuers
Depuis qu'il esclaire le monde,
Parmy tant de sujéts diuers,
N'a rien fait voir qui la seconde :
    Et rien n'est digne, que les dieux,
    D'auoir vn regard de ses yeux.

La nature auant l'animer,
Auoit toujours esté auare :
Et reseruant pour la former,
Tout ce qu'elle auoit de plus rare,
    Afin, sans doute, que les dieux
    Veinsent habiter en ces lieux.

Les mortelz n'osent aspirer
A vne si haute conqueste :
La voir, c'est assez desirer,
A qui veut guarantir sa teste,
    Puisque c'est offencer les dieux,
    Que d'en deuenir amoureux.

CHANSON

A Minthe semble si belle,
Et son teint est si charmant, Que je serois son a-
mant, Et voudrois mourir pour elle: Si ce n'estoit
le petit point Que sur ma foy je ne dis point.

Ses yeux que beaucoup je prise,
Seroyent mes dieux, & mes roys,
Dessous leurs diuines loix
I'engagerois ma franchise.
  Si ce n'estoit.

Son sein blanc comme l'albastre,
Où les graces font sejour,
Me donneroit de l'amour,
Et me rendroit idolastre.
  Si ce n'estoit.

Mon ame seroit contrainte
De consommer de ses feux :
I'adorerois ses cheueux
Autant que ceux d'vne saincte.
  Si ce n'estoit.

CHANSON

Maintenant que le Printemps A chassé la froidure, Que tout rid en ce beau temps, Las! faut-il que j'endure, De voir que l'Hyuer est passé Sans que mon tourment ayt cessé.

POVR DANSER.

Les Oyseaux dedans les bois
Sont remplis d'allegraisses:
Et moy sous tes dures loix,
Je n'ay que des tristesses.
    De voir.

Ie voy plusieurs amoureux
Gouster mile s delices,
Pendant qu'vn sort rigoureux
Me cause des supplices.
    De voir.

Aminthe, si tu ne veux
Soulager m'a souffrance,
Au moins accorde à mes vœux
Quelque douce esperance,
    Voyant que l'Hyuer est passé,
    Sans que mon tourment soit cessé.

CHANSON

Ris, voulez vo' toujours vi-ure Sous la dure loy du deuoir? Quoy? Son tiran-nique vouloir Vo' peut-il em-pefcher de viure? Vn dieu qui vous fçaura guerir Du tourment qui vous fait mourir.

POVR DANSER.

Tirez vous de l'inquietude :
Car voſtre teint eſt ſi changé :
Rendez voſtre corps deſgagé
De cette triſte ſolitude,
    Pour ſuiure vn dieu qui peut guerir
    Le tourment qui vous fait mourir.

Trompez cét argus qui vous veille,
L'Amour à des inuentions.
Qui conduiront vos paſſions
Pendant que ce monſtre ſommeille :
    Suiuez ce dieu.

Deliurez vous d'vn eſclauage
Qui ternit la fleur de vos ans,
Par vn nombre d'ennuits cuiſans,
Si vous aymez voſtre viſage.
    Suiuez le dieu.

POUR DANSER.

Pour mieux faire la feste,
Vn amy suruenu
Mét sur la nappe preste,
Vn gros gorét tout nud :
Melin laua la teste,
Et Melesche le cul.

Ils font rottir la viande,
Le gros, & le menu :
Car la table estoit grande,
Et le monde venu :
Melin mena la bande,
Et Melesche le cul.

Ayant remply leur panse,
Vn panier de fruict crut
Vn peu deuant la danse,
Fut le tres-bien venu :
Lors Melin en prit l'anse,
Et Melesche le cul.

Couché dessus l'herbette
Y vient vn morfondu,
Qui leur montra la beste
Qui les auoit mordu.
Melin couppa la teste,
Et Melesche le cul.

CHANSON

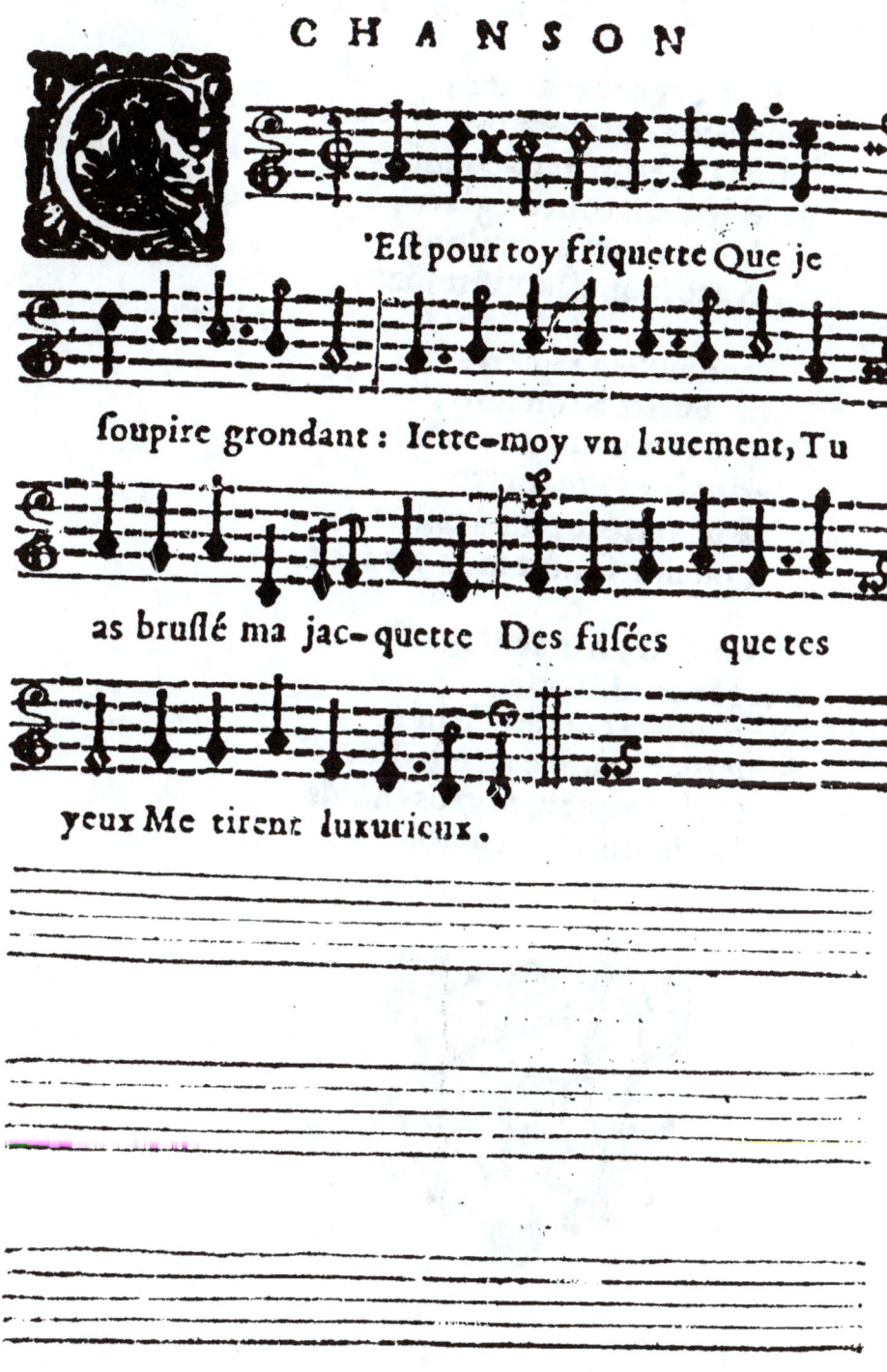

'Est pour toy friquette Que je soupire grondant: Iette-moy vn lauement, Tu as bruslé ma jac-quette Des fusées que tes yeux Me tirent luxurieux.

POVR DANSER. 24

En l'orgnant ta face,
Brunette de maroquin,
Tu chausse ton vert-coquin,
Et je deuiens tout de glace,
  M'en allant à reculons
  Auec la mulle aux talons.

Prenant ma rapierre
Ie fus hurler à ton huis,
Pour fredonner mes ennuits,
L'vrinal de ta matierre
  Fût versé sur mon muſeau,
  Qui morfondit mon cerueau.

Bon ſoir, Amarille,
Forgée de chicotin,
Non douce comme ſatin :
Mais rude comme vn eſtrille,
  Ou bien quelque gros chardon
  Du jardin de Cupidon.

CHANSON

E N me joüant l'autre jour Auec-
ques mon Isabelle, Ie luy parlois de l'Amour:
Mais, respondit cette belle, N'as-tu point pour
Isabeau Vn jeu qui soit plus nouueau?

Ne sçays-tu pas qu'a ce jeu
Tout le monde s'esuertuë :
Mesme on m'a dit depuis peu
Que ton bon mary s'y tuë.
    Ie n'ay point pour Isabeau
    De jeu qui soit plus nouueau.

Bien, veux-tu que nous joüions
Au jeu ou l'on met vn gage ?
Où si tu veux choisissons
Le beau Perroquét en cage :
    C'est vn jeu pour Isabeau,
    Se me semble assez nouueau.

Ces jeux qui sont si plaisans
Ne font rien que rauir l'ame :
Ils nous chatouillent les sens,
Et nous font naistre vne flâme :
    Qui fait, ma chere Isabeau,
    Qu'il n'est point de jeu si beau.

C'est assez, n'en parlons plus :
Mais sois desormais plus sage.
Tes discours sont superflus,
Philandre, & ton badinage
    Fait que ta chere Isabeau
    Trouuera ce jeu plus beau.

CHANSON

PHilis, vos attraits sont si doux,

Philis, vos attraits sont si doux, Que je brusle d'a-

mour pour vo' Que pour vo' je soupire : Iamais on

n'a veu viur'amant sous vn si bel empi- re.

POVR DANSER. 26

 Les charmes de voſtre beauté,   bis
Qui tiennent mon cœur enchanté,
Me font ſans ceſſe dire,
  Iamais.

 Quand je voy l'eſclat de vos yeux,   bis
Dans mon ſein je ſens mile feux
Qui cauſent mon martyre.
  Iamais.

 Ie veux faire entendre ma voix,   bis
Aux ecchos qui ſont dans les bois,
Pour leur faire redire,
  Iamais.

 De vous faire toujours la cour,   bis
De vous cageoller tout vn jour,
C'eſt le bien où j'aſpire,
  Iamais.

      D ij

CHANSON

Epuis que ton beau visage S'est esloigné de mes yeux : I'apprèds bien à mon dommage Qu'à vn cœur bien amoureux, C'est vn grand tourment Que l'esloignement.

POVR DANSER.

 Bien souuent, lors que je pense
Conter l'excez qui me poind,
L'Amour m'imposant silence,
Me dit que je ne dois point
  Conter mon esmoy
  A d'autre qu'à toy.

 Si je veux prendre en ma couche
Le repos commun à tous,
Il me semble que ta bouche
Me vient dire, esueillez vous :
  Il faut qu'vn amant
  Veille incessament.

 Bref, nuit & jour sans relasche
L'Amour trouble mon repos,
Et ne veux point qu'autre sçache
Le feu qui brusle mes os :
  Sinon le vainqueur
  Qui dompte mon cœur.

 C'est donc toy, belle maistresse,
A qui je dois recourir,
Pour obtenir quelque cesse
Au mal qui me fait mourir
  Mile fois le jour
  De la mort d'amour.

CHANSON

NE souffre plus, ma mignonne, Que j'employe mes discours, A t'exprimer tous les jours Les plaisirs qu'Amour me donne : Le discours est imparfait, Il n'est rien tel que l'effet.

POVR DANSER.

Tout ce que je pourrois dire
D'vn contentement si doux,
Seroit toujours au dessous,
On ne le peut bien d'escrire.
  Le discours.

Vn quart-d'heure de praticque
Te l'apprendra beaucoup mieux,
Que les mots plus pretieux
De toute la rethorique.
  Le discours.

Ne crains point, belle inhumaine,
Viens en prendre vne leçon,
Vn moment de ma façon
T'instruira sans nulle peine.
  Le discours.

Viens doncques, si tu es sage,
Ie ne te demande rien :
Au contraire je veux bien
T'en payer l'apprentissage.
  Le discours.

CHANSON

Mportune pensée, Cessez de m'affliger, Ie ne veux point chan- ger L'œil qui vo⁹ à blessée: Melite, vos ap- pas Font mourir Font mourir ceux que vous n'aymez pas.

D'vne nouuelle flâme
Ie ne veux point brusler:
Mais je veux sans parler
Faire dire à mon ame,
Melite.

Ma plainte est legitime,
Mais il faut endurer,
Et pour bien esperer
Ne pas commettre vn crime.
Melite.

Vostre humeur sans pareille,
L'entretien des romans,
Aux plaintes des amants
Vous fait fermer l'oreille.
Melite.

Mourir sous vostre empire,
C'est estre trop heureux,
Et les moins amoureux
Sont contraints de vous dire,
Melite.

D v

CHANSON

N'Auez vous point d'autre discours, N'auez vo° point d'autre discours Que de parler de vos amours, Et de vostre martyre? Monsieur, monsieur, arrestez-vous, Vo° le faut-il tant dire?

POVR DANSER.

Ostez vostre main de mon sein,   bis
Si vous auez quelque dessein,
Cherchez ailleurs à rire.
   Monsieur.

Vous auez gasté mon colet,   bis
Que vous auez l'esprit follet,
Vrayment je vous admire.
   Monsieur.

Mon dieu que ces hommes sont foux!   bis
Vous me blessez, que faittes vous?
Quel démon vous inspire?
   Monsieur.

CHANSON

ENfin nous voyons enflammer Ce rebelle Crysante, Il ne pourra plus estimer L'humeur indiferente : L'on doit priser son jugement D'auoir causé ce changement.

POVR DANSER.

Au lieu qu'il condamnoit l'Amour,
Il adore ses charmes :
Il faudra qu'il serue à son tour,
Et qu'il rende les armes.
   L'on doit priser ce changement,
   De vouloir estre son amant.

Il doit bien cherir les attraits
Ou son ame est sous-mise :
Puis qu'il est vaincu par les traits
De la belle Arthemise.
   L'on doit priser son jugement
   De vouloir estre son amant.

Comme Arthemise à des beautez
Qui rauissent nos ames,
Son esprit à des qualitez
Qui font croistre nos flâmes.
   L'on doit priser ce jugement
   De vouloir estre son amant.

C'est vn miracle nompareil,
Vn objét angelique,
Qui fait confesser au Soleil
Qu'il ne peut estre vnicque.
   L'on doit priser son jugement
   De vouloir estre son amant.

CHANSON

Je suis à present à moy, Rien ne me tirannise,
Et je vous jure ma foy Que je suis en franchise :
J'ay sçeu me mettr' en repos, Et je chante à tous propos,
Je me mocque du seruage, Je gouste la liberté :
Je hay l'Amour, je l'ay quitté, Iamais je ne m'engage.

POVR DANSER.

 Mes refueries toujours
Tournoyent en ma penſée,
Et parmy tous ces diſcours
Ie paroiſſois bleſſée :
En fin laſſe de ſouffrir
Ie me ſuis voulu guerir,
Et ſans beaucoup me contraindre
I'ay banny ma paſſion :
Ie n'auray plus d'affection,
Mais j'en ſçauray bien feindre.

 Ie veux plaire à vn chacun,
C'eſt toute mon enuie :
Car ſouuent qui n'en à qu'vn
N'eſt pas des mieux ſeruie :
Ie veux agréer à tous,
Et les mettre à mes genoux :
Faut conſeruer ſon empire,
Et ſans auoir de pitié,
Leur promettre de l'amitié,
Et n'en faire que rire.

COVRANTE

'Ay beau m'esloigner de vos yeux Pensant guerir mō tourmēt ennuy- eux : eux : Amour me suit, & ne me permet pas D'estr'vn moment sans aymer vos charmants ap-pas.

POVR DANSER.

Ie ne le veux, & ne le puis,
Viure toujours en l'estat ou je suis:
Il ne faut plus resister à l'Amour,
Puisqu'il n'est rien qui n'ayme sous l'astre du jour.

Dans ces jardins, & dans ces bois,
Tout est sous-mis aux amoureuses loix:
On void par tout que les petits oyseaux
Se font l'amour gazouïllant au bord de ces eaux.

SECOND LIVRE DE BOYER. E

COVRANTE

A-
Bſent d'vne cruelle
Qui me peut guerir, Pour l'amour d'elle Ie m'en
vays mou-rir. rir: Heureuſe mort! Rauiſſants appas! O trop aymable flâme! Puis qu'en mon
ame Ie ſuis rauy de ſouffrir le treſ-pas.

Mais non, si je differe,
Ie puis l'esmouuoir,
Comme j'espere
Bien-tost la reuoir :
Si je me plains, elle aura pitié
Sçachant nostre alliance,
Puis qu'en l'absence
I'ay conserué toujours mon amitié.

Ie suis, je vous asseure,
Dessous vostre loy :
Ie vous conjure
De penser à moy.
Pourray-je bien trouuer quelque jour,
Outre mon esperance,
La recompense
Qu'on doit auoir pour vn fidelle amour?

COVRANTE

Charmé de vos diuins appas, Ie suis espris d'amour, & vo'n'y pensez pas: Car vos beaux yeux qui sont si doux Lancent des coups Qui sont cause que je mourray pour vous.

Il faut declarer mon tourment,
Ie ne veux plus celer la douleur d'vn amant,
Qui ne sçauroit que par sa mort
Rompre l'effort
De la rigueur de son malheureux sort.

Au-moins escoutez seulement
Ce que je vous diray, je n'ay plus qu'vn moment :
Parlez Philis, s'il faut souffrir,
Ou bien mourir,
Puis que c'est vous qui me pouuez guerir.

COVRANTE

Ans es- perance De recompense, Ie sens bien qu'il me faut mourir, Ne pouuant pas guerir. Puisque je n'ay plus qu'vn moment, Ie ne puis feindre, Il faut donc me plaindre, Et vous blasmer de mon cruel tourment.

POVR DANSER.

Ma chere amante,
Ie me contente,
Puis que je puis en ce lieu cy
Declarer mon soucy.
Les dieux mesmes en sont jaloux,
Estant si belle
Sans estre fidelle,
Ie suis tout prest, le trespas sera doux.

Pour des supplices,
I'ay des delices,
Et n'attendant que du malheur
Ie n'ay que du bon-heur :
Tout satisfait à mes desirs,
Dans l'asseurance
De vostre constance
Ie veux mourir, mais d'excez de plaisirs.

E iiij

SARABANDE

Loris, veux-tu sçauoir L'effet de
ton pouuoir, Cleante nuit & jour Brusle d'amour:
C'est luy qui plein de foy, Dedãs son ame, Cherit la
flâme Qu'il nourrit pour toy.

Prends garde que ses yeux,
Plus brillants que les cieux,
Vont perdre leur clairté
Pour ta beauté :
Tu lis sa passion
Dans son visage,
Viuante image
De l'affection.

Les soupirs, & les pleurs,
Tesmoins de ses douleurs,
Finiront-ils ses jours
Sans ton secours ?
Faut-il que les appas
D'vne inhumaine,
Outre la peine,
Donne le trespas ?

SARABANDE

BElle riuiere, Sur qui n'ague-re Philis jettoit ses doux regards.

Pour bien pleurer l'absence de ses charmes, Tu as moins d'eau que je n'au-ray de larmes.

POVR DANSER. 38

Courant sans cesse
Vers ma maistresse,
Tu es plus heureuse que moy:
Si tu la voy, ne nuis point à ma flâme,
Communiquant tes froideurs à son ame.

Fays que ton onde
Par tout le monde
Aille publiant ma douleur:
Et que Philis apprenne de la sorte,
Iusqu'à quel point son départ me transporte.

Mais je m'abuse,
Quand je m'amuse
A t'employer à ma faueur:
Mon feu paroist en cela temeraire,
De demander de l'ayde à son contraire.

Pourtant mon ame
Benist sa flâme,
Et veut bien estre en sa prison:
Et quand à toy qui ayme l'inconstance,
Poursuis ton cours, & moy mon esperance.

CHANSON

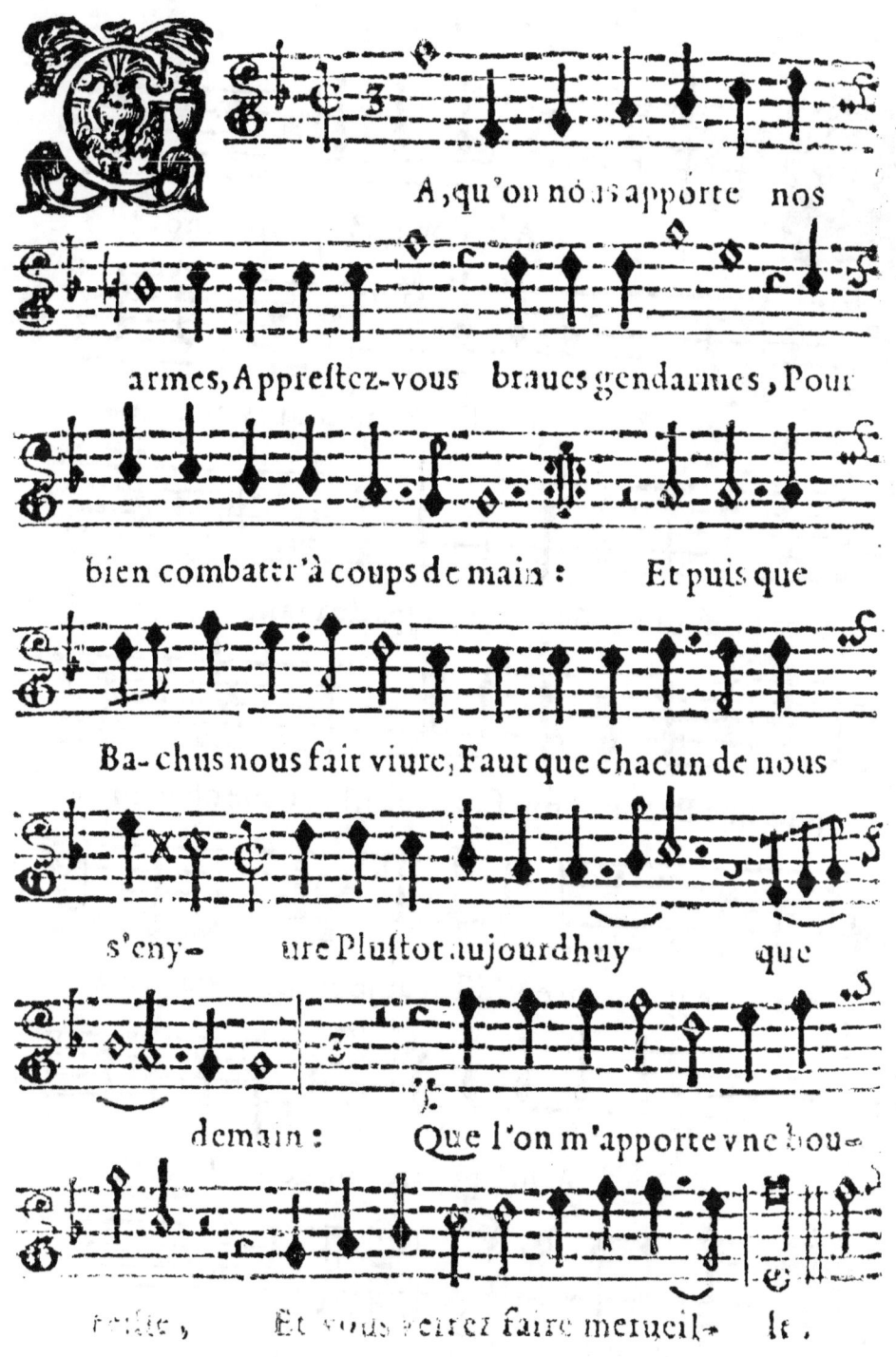

A, qu'on nous apporte nos armes, Apprestez-vous braues gendarmes, Pour bien combattr' à coups de main : Et puis que Ba-chus nous fait viure, Faut que chacun de nous s'eny-ure Plustot aujourdhuy que demain : Que l'on m'apporte vne bou-teille, Et vous verrez faire merueil-le.

CHANSON

Que le clicquetis de nos verres
Soit entendu dessus les terres
Ou croist ce jus delicieux:
Et que chacun plein de courage,
Tasche d'emporter l'aduantage
En ce combat si glorieux.
 Que l'on m'apporte vne bouteille,
Et vous verrez faire merueille.

Mais nous ne ferons rien qui vaille,
Si pour signal de la bataille
Ie ne tire tout le premier :
Et vous, mon braue camarade,
A forçer cette barricade
Demeurerez vous le dernier?
Prenez moy donc cette bouteille,
Si vous voulez faire merueille.

CHANSON

Sus Mars, sus dieu d'Amour, mettez vous à genoux En toute obeissance :
La douce deïté que nous adorons tous Passe vostre puissance.
Ne parlons d'amour n'y de guerre, Si ce n'est du pot, & du ver- re.

Le glou glou qu'elles font ce sont nos doux appas,
 Leurs liqueurs sont nos charmes :
Et ce qu'on laisse choir tout au long du repas,
 Nos amoureuses farines :
 Mais c'est l'extaze en cette guerre
 Quand on oste le vin du verre.

Vous qui dans les combats craignez à tout moment
 Que la mort vous atteigne,
Venez icy mourir plus honnorablement,
 Sous nostre belle enseigne,
 A cette pacifique guerre
 Où l'on combat à coups de verre.

POVR BOIRE. 41

Vs Mars, sus dieu d'Amour, mettez
vous à genoux En toute obeïssance:
Ne parlons d'amour n'y de guerre, Si ce 
n'est du pot, & du verre.

La douce deïté que nous
adorons tous Passe vostre puissance.

Dans les horreurs de Mars chacun frappe partout,
Sans voir ou le coup entre:
Mais dedans ce combat, tenant jusques au bout,
Tous les coups sont au ventre.
Sus, sus compagnons, à la guerre,
Où l'on combat à coups de verre.

SECOND LIVRE DE BOYER. F

CHANSON

Vueurs, du dieu Bach' l'hõ-
neur, Qui dans les plaisirs de la table
Faittes consister le bon-
heur, Confessez qu'il est veritable,
Que les dames, & le bon vin Sont les delices,
Sont les delices du fes-tin.

Sans les dames, tous les repas
N'ont rien qui charme, & qui resueille,
Et l'on trouue bien peu d'appas
Au meilleur nectar de la treille.
 Mais les dames.

Quand Philis de sa belle voix
Nous chante des chansons à boire,
Et qu'elle boit autant de fois,
N'auons nous pas sujet de croire,
 Que les dames.

POVR BOIRE.

Vueurs, du dieu Bach' l'hō-
Faittes confister le bon-
neur, Qui dans les plaifirs de la ta- ble
heur, Confeffez qu'il eft verita- ble,
Que les dames, & le bon vin   Sont les delices, Sont les delices   du fef- tin.

Amis, puis qu'il n'eft rien fi doux
Que de viure parmy ces belles,
Qu'elles foyent toujours auec nous,
Et foyons toujours auec elles.
    Car les dames.

CHANSON

Mis, je vous prie, Quittons la furie De tous ces combats Pour faire vn bon repas: Et cherchons la gloire Que l'on gaigne à boire, Ou tombent les corps N'estant blessez n'y morts.

Donner des batailles,
Forçer des murailles,
Et miner des tours,
Sont vos communs discours:
Ie ne faits la guerre
Qu'à grands coups de verre,
Et tous mes combats
Sont des pots & des plats.

POVR BOIRE.   43

Mis, je vous prie, Quittons la furie De tous ces combats Pour faire un bon repas: Et cherchôs la gloire Que l'on gaigne à boire, Ou tombent les corps N'estant blessez, n'y morts.

  Battre la campagne
  Pour brauer l'Espagne,
  Faire des défits
  Aux Flamants déconfits:
  Lors que par vos armes
  L'on verse des larmes,
  Ie faits magasin
  De celles du raisin,

CHANSON

Regoire ayme le vin, Et Blaise
Souuent dez le matin Vōt cherchāt

ne luy cede,
ce remede,   Auec frere Nicaise, Et

chantent ayant beu: Viue Gregoire & Blaise: Mais

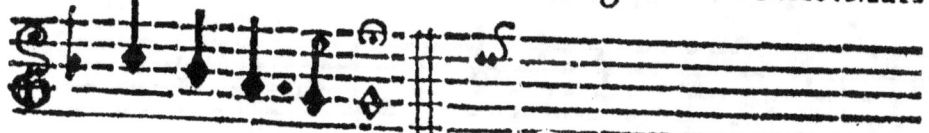

sur tout viue Luc.

  Luc boit toujours du vin
Du meilleur de la treille,
Le verre en vne main,
Dans l'autre la bouteille:
Il l'accolle & la baise,
Et luy leue le cul.
  Viue.
  Quand il à beu ce jus,
Il se leue, & s'escrie,
Viue le dieu Bachus,
Viue son ambrosie:
Car il n'est point de fraise
Qui s'esgalle à ce suc.   Viue. &c.

POVR BOIRE. 44

Regoire ayme le vin, Et Blai-
se ne luy cede, Auec frere Nicaise,
Et chantent ayant ayant beu : Viue Gregoire &
Blaise, Mais sur tout viue Luc.

Souuent dez le matin V6t cher-
chant ce remede,

Blaise quitte les pots,
Et va chez sa maistresse :
Deschausse ses sabots
Pour luy faire caresse :
Là ce drosle à de l'aise
Pour plus d'vn carolus.   Viue. &c.

Luc s'afflige bien fort
D'estre melancolique,
Et nous dit qu'il est mort
S'il n'entend la musique :
On le void pasmer d'aise
Lors qu'on joüe du Luth,   Viue. &c.

CHANSON

Vand je tiens ma chere bouteille, L'on me void faire merueille, Amy, faittes comme moy : Car c'est ainsi, sur ma foy, Que je boy, Le tout pour l'amour de toy : Verse, verse du jus de la treille, Puis que Bachus est mon roy.

Qu'il est bon, qu'il est delectable,
Iupiter n'a point à table
De nectar si pretieux :
Rien n'est si delicieux
Dans les cieux.
Venez icy, tous les dieux,
Boire, boire ce vin tant aymable,
Nous ferons à qui mieux mieux.

POVR BOIRE. 45

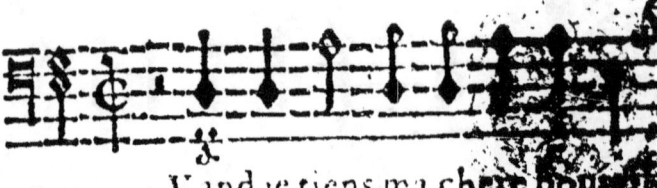

Vand je tiens ma chere bouteil-

le, L'on me void faire merueille, Amy, faittes

comme moy : Car c'est ainsi, sur ma foy, Que je

boy, Le tout pour l'amour de toy : Verse, verse du

jus de la treille, Puis que Bachus est mon roy.

Compagnon, à toy je le porte,
Il faut boire de la sorte,
Si tu veux faire raison :
Ne faits point comparaison
De ce bon
Que tu boy dans ta maison :
Ie sens que mon ame presque morte,
Trouue icy sa guerison.

F v

CHANSON

Vs vuidons la bouteille, Sus

vuidons la bouteille, Qui fait dire merueille:

Fa, la, la, la, la, la, la, la, la, la. Dis à ton

compagnō qu'il veille: Car voicy celuy qui boi-ra.

    Qui fait dire merueille,   bis
    Du vin de Panoreille.
  Fa, la, la. &c.
      Dis à ton.

    Du vin de Panoreille,   bis
    Tout sortant de la treille.
  Fa, la, la, la. &c.
      Dis à ton.

    Tout sortant de la treille,   bis
    Qui nos esprits resueille.
  Fa, la, la, la. &c.
      Dis à ton.

POVR BOIRE.

Sus vuidons la bouteille, Sus vuidons la bouteille, Qui fait dire merueille: Fa, la, la, la, la, la, la, la, la, la. Dis à ton compagnon qu'il veille: Car voicy celuy qui boira.

Qui nos esprits resueille, bis
Me donnant sur l'oreille.
Fa, la, la, la. &c.
Dis à ton.

FIN.

TABLE
DV SECOND LIVRE DE BOYER.

A
A Minthe semble si belle. feuil. 20

B
Belle, je ne vous puis celer. 10

C
C'est pour toy friquette. 24
Cette beauté fiere, & cruelle. 4
Cloris me semble fort belle. 13

D
Depuis que ton beau visage. 27

E
En fin deliuré d'Amaranthe. 18
En fin nous voyons enflammer. 31
En me joüant l'autre jour. 25

I
Ie me meurs, ma belle. 14
Ie m'en allois pourmenant. 16
Ie suis a present à moy. 32
Ie suis repris depuis peu. 8
Importune pensée. 29
Iris, voulez-vous toujours viure. 22

L
L'autre jour dessus la fougere. 17
L'enfant de Citherée. 15
L'honneur, & mon pucelage. 5

M
Maintenant que le Printemps. 21
Melin, auec Melesche. 23

N
N'auez vous point d'autres discours. 30
Ne souffres plus, ma mignonne. 28

TABLE.

O
Ouy, j'adore cette beauté.   19

P
Philis me baisoit l'autre jour.   11
Philis, quand tu te plains de moy.   7
Philis, que voſtre eſloignement.   5
Philis, tu ſçays que je t'ayme.   12
Philis, vos attraits ſont ſi doux.   26
Pourquoy me veux-tu condamner?   2

S
Si ma villageoiſe on trouuoit.   6

T
Trefue de cageollerie.   9

COVRANTES.
Abſent d'vne cruelle.   34
Charmé de vos diuins appas.   35
I'ay beau m'eſloigner de vos yeux.   33
Sans eſperance.   36

SARABANDES.
Belle riuiere ſur qui n'aguete.   38
Cloris veux-tu ſçauoir.   37

CHANSONS A BOIRE.
Amis, je vous prie.   43
Buueurs, du dieu Bachus l'honneur.   42
Ca, qu'on nous apporte nos armes.   39
Gregoire ayme le vin.   44
Quand je tiens ma chere bouteille.   45
Sus Mars, ſus dieu d'Amour.   41
Sus vuidons les bouteilles.   46

FIN.

EXTRAIT DV PRIVILEGE.

PAR LETTRES PATENTES DV ROY données à Lyon le vingt-quatriesme jour d'Octobre, l'An de grace Mil six cens trente-neuf, & de nostre regne le trentiesme. Signées, LOVIS, & plus bas, PAR LE ROY, DE LOMENIE. Scellées du grand sçeau de cire jaune : Verifiées & Registrées en Parlement le dix-septiesme Nouembre 1639. Par lesquelles il est permis à Robert Ballard, seul Imprimeur du Roy pour la Musique, d'imprimer, faire imprimer, vendre & distribuer toute sorte de Musique, tant vocale, qu'instrumentale, de tous Autheurs : Faisant defence à toutes autres personnes de quelque condition & qualité qu'ils soyent, d'entreprendre ou faire entreprendre ladite Impression de Musique, ny autre chose concernant icelle en aucun lieu de ce Royaume, Terres & Seigneuries de son obeissance : nonobstant toutes Lettres à ce contraires : ny mesme de tailler, ny fondre aucuns Caracteres de Musique sans le congé & permission dudit Ballard, à peine de confiscation desdits caracteres & impressions, & de six mile liures d'amende, ainsi qu'il est plus amplement declaré esdittes Lettres. Saditte Majesté voulant qu'à l'Extrait d'icelles mis au commencement ou fin desdits liures imprimez, foy soit adjoustée comme à l'original.

www.ingramcontent.com/pod-product-compliance
Lightning Source LLC
Chambersburg PA
CBHW060217230426
43664CB00011B/1463